JN093662

中小製造業の
「製造原価
と見積価格
への疑問」に
すべて答えます!

わかりやすく
やさしく
やくにたつ

照井清一【著】

日刊工業新聞社

まえがき

　本書は、製造業の管理者、経理や経営者が個別製品の製造原価（以下、個別原価）を理解するために書きました。製造業、中でも中小企業を取り巻く環境は厳しく、海外の調達価格を基準にして、とても利益が出ない価格で受注せざるを得ないことがあります。

　このような状況下では、ひとつひとつの受注案件に対して、

- 「いくらでできるのか」適正な見積
- 「実際にいくらでできたのか」実績原価を把握し、できなかった場合、問題の改善に取組む

必要があります。それには個別原価の把握が不可欠です。

　しかし工場で発生する費用は多岐にわたり、それらをすべて集計して個別原価を計算するのは大変です。そのため多くの企業は、ベテランの勘と経験によって個別原価を出しています。しかし工場の設備や人員は常に変化しています。これからはこういった変化を個別原価に適切に反映し、ひとつひとつの受注で確実に利益を出さなければ会社全体の利益は出せません。

　この個別原価は個々の費用を積み上げるのでなく会社全体の費用から計算すれば、簡単に計算できます。本書はこの考えを元に、個別原価の計算やアワーレートの計算とその事例をできるだけ具体的に書きました。また不良増加やロット減少によるコストアップ、改善活動や設備投資・開発など、経営者や管理者が疑問に感じていることを、個別原価を使ってわかりやすく説明しました。

　本書は実践で役立つことを目的とし、個別原価や費用はモデル企業を使って具体的な金額で示しました。なぜなら理論上は費用が発生しても、金額が少なければ計算上は無視できるからです。本書はできる限り読みや

すいように図を多用し、説明や数式はできるだけ簡略化しました。また数字は直感的にわかりやすくするため、1桁目や2桁目は四捨五入しています。そのため計算するとつじつまの合わない場合がありますが、数字の正確さより直観的なわかりやすさを重視したためとご理解願います。

　本書の主な対象は、多品種少量生産やロット生産で大量生産を行っている中小企業です。モデル企業は次の2社です。

　A社　切削加工・組立

　B社　樹脂成形加工

　モデル企業は筆者のこれまでの経験を元につくった仮想の企業です。現実の企業とは異なる点があることをご理解願います。モデル企業の詳細は巻末に記載しました。

　本書が対象とした多品種少量生産やロット生産は、大企業の大量生産と比べて原価計算や工場管理の考え方に違う点が随分あります。具体的な違いは各節で述べましたが、この点も意識して読んでいただくと理解しやすいと思います。

CONTENTS

中小製造業の「製造原価と見積価格への疑問」にすべて答えます！

まえがき ……………………………………………………………………………………… i

第1章 製造原価全般についての疑問

1 ◆ なぜ個別原価が必要なのだろうか？ ……………………………… 2

2 ◆ 製造原価の構成はどうなっているのだろうか？ ……… 5

3 ◆ 変動費と固定費は
どのように考えたらよいのだろうか？ …………………… 9

4 ◆ 直接製造費用と間接製造費用の違いは
なんだろうか？ …………………………………………………… 13

5 ◆ コストテーブルを使えと言われたが… ……………… 16

COLUMN ◆ 1 受注生産企業と見込生産企業の違い …………… 19

第2章 人の費用の疑問

1 ◆ 人のアワーレートは
どうやって計算するのだろうか？ ……………………… 22

2 ◆ 標準時間にはどのような役割があるのだろうか？ ⋯⋯ 26

3 ◆ 標準時間はどうやって決めたらよいだろうか？ ⋯⋯⋯ 29

4 ◆ 賃金の高い人と低い人で
原価は変わるのだろうか？ ⋯⋯⋯⋯⋯⋯⋯⋯⋯⋯⋯⋯⋯ 33

5 ◆ 直接生産しない人の費用は
原価に含まれるのだろうか？ ⋯⋯⋯⋯⋯⋯⋯⋯⋯⋯⋯⋯ 37

6 ◆ 間接部門の人の費用はどう考えるのだろうか？ ⋯⋯ 40

COLUMN ◆ 2 稼働率と可働率 ⋯⋯⋯⋯⋯⋯⋯⋯⋯⋯⋯⋯⋯⋯ 44

第**3**章 ： **設備の費用の疑問**

1 ◆ 設備のアワーレートはどうやって
計算するのだろうか？ ⋯⋯⋯⋯⋯⋯⋯⋯⋯⋯⋯⋯⋯⋯⋯ 48

2 ◆ 設備を更新するとアワーレート（設備）は
どう変わるのだろうか？ ⋯⋯⋯⋯⋯⋯⋯⋯⋯⋯⋯⋯⋯⋯ 52

3 ◆ ランニングコストは
どうやって計算するのだろうか？ ⋯⋯⋯⋯⋯⋯⋯⋯⋯⋯ 56

4 ◆ 常時生産に使用しない設備の費用は
原価に含まれるのだろうか？ ⋯⋯⋯⋯⋯⋯⋯⋯⋯⋯⋯⋯ 59

5 ◆ 設備の大きさにより原価は
どのように変わるのだろうか？ ⋯⋯⋯⋯⋯⋯⋯⋯⋯⋯⋯ 63

COLUMN ◆ 3 設備の更新に必要なお金 ⋯⋯⋯⋯⋯⋯⋯⋯ 66

第**4**章 間接製造費用と販管費の疑問

1 ◆ 間接製造費用とはどのような費用だろうか？ ·············· 70

2 ◆ 販管費とはどのような費用なのだろうか？ ·············· 73

3 ◆ 見積はいくらにすればよいのだろうか？ ·············· 77

4 ◆ 間接製造費用の増加は
原価にどのように影響するだろうか？ ·············· 80

5 ◆ 消耗品の費用はどう考えるのだろうか？ ·············· 82

6 ◆ 製品によって運賃が大きく違う場合、
どうしたらよいだろうか？ ·············· 86

COLUMN ◆ 4 ▶ 販管費、利益に対する顧客との認識の違い·············· 90

第**5**章 材料費、外注費に関する疑問

1 ◆ 材料価格が変動した場合、
原価はどう変わるのだろうか？ ·············· 92

2 ◆ スクラップ価格は
どうやって原価に組み込むのだろうか？ ·············· 96

3 ◆ 材料ロスを
どうやって原価に組み込むのだろうか？ ·············· 100

4 ◆ まとめて買うと安くなる材料は
まとめて買うべきだろうか？ ·············· 104

5 ◆ 外注が安い場合、
　　外注に出せば利益は増えるのだろうか？ ················· 108

COLUMN ◆ 5 外注化すれば高くなる ················· 111

第6章 ロットや段取についての原価の疑問

1 ◆ 無人加工で原価は
　　どのくらい下がるのだろうか？ ················· 114

2 ◆ 無人加工の作業者の費用は
　　どうなるのだろうか？ ················· 118

3 ◆ ロットの違いは
　　原価にどのように影響するのだろうか？ ················· 121

4 ◆ 段取時間短縮で原価は
　　どのくらい変わるのだろうか？ ················· 126

5 ◆ 外段取で原価はどのくらい変わるのだろうか？ ······· 130

COLUMN ◆ 6 1個流しと段取時間 ················· 134

第7章 知らぬ間に利益が減少する「見えない赤字」に対する疑問

1 ◆ 現場で発生する不良は
　　原価にどのように影響するのだろうか？ ················· 138

2 ◆ 気がついたら現場が全数検査をしていた、
原価はどうなるのだろうか？ ……………………………… 142

3 ◆ 流出防止の全数検査をやめたいが
どうしたらよいだろうか？ ……………………………… 146

4 ◆ 毎回設計がある製品、やり直しのため
赤字になるのはどうすべきだろうか？ ……………………… 148

5 ◆ 要求が高く失敗する可能性が高い案件は
受注しない方がよいだろうか？ ……………………………… 151

6 ◆ イニシャル費の回収不足は
原価にどう影響するのだろうか？ …………………………… 154

COLUMN ◆ 7 大量生産と不良ゼロの要求 ……………………… 158

第8章 改善活動とコストダウンに関する疑問

1 ◆ 部品の共通化と一体化はコストダウンに
どのような効果があるだろうか？ …………………………… 162

2 ◆ 公差の見直しは
原価にどのように影響するだろうか？ ……………………… 165

3 ◆ なぜ改善活動を続けても
利益が増えないのだろうか？ ………………………………… 168

4 ◆ 受注の変動が大きく調整が大変だが、
どうしたらよいだろうか？ …………………………………… 172

COLUMN ◆ 8 受注の平準化は困難 ……………………………… 176

意思決定における原価の疑問

1 ◆ 赤字の大きい製品、受注すべきだろうか？ ·················178

2 ◆ 増産！設備投資をすべきだろうか？ ·················183

3 ◆ 借入で設備投資する予定だが、
　　返済は問題ないだろうか？ ·················186

4 ◆ 設備投資後に売上が減少した場合は
　　どうしたらよいだろうか？ ·················190

5 ◆ 開発費がかかる製品、利益が出るだろうか？ ·········193

COLUMN◆9 開発費／試験研究費を活かして節税する ·················197

あとがき ·················199

巻末資料 モデル企業の詳細 ·················201

ポイントチェック表 ·················207

第 **1** 章

製造原価全般に
ついての疑問

1 なぜ個別原価が必要なのだろうか？

なぜ個別原価を把握する必要があるのでしょうか？

その目的は「利益を増やすため」です。

企業が利益を増やす方法は次の3つしかありません。

① 生産・販売数を増やす

② 費用を削減する

③ 販売価格を上げる

製造業はこれまで②コストダウンにいろいろと取り組んできました。では③の「販売価格を上げる」ことに対してはどうでしょうか？

それには販売価格と利益の関係を知る必要があります。

ポイント 1 利益は「販売価格 − 製造原価 − 販管費」

図1-1 に示すように小売業では、販売価格は仕入原価に販売費及び一般管理費（以降、販管費）と利益を加えたものです。そして販売価格から仕入原価を引いたものが売上総利益（粗利）です。小売業は粗利ができるだけ大きくなるように、安く仕入れて仕入原価を抑えるように努力します。

販売価格 ＝ 仕入原価 ＋ 販管費 ＋ 利益

売上総利益（粗利）＝ 販売価格 − 仕入原価

┐ 小売業の場合

図1-1 ▶ 小売業の販売価格、仕入原価と利益

　製造業では、仕入原価でなく製造原価です。また受注生産型の企業の場合、最初に見積を出してから受注するため、販売価格でなく見積金額とします。

　　見積金額 = 製造原価 + 販管費 + 利益 ┐
　　売上総利益（粗利）= 販売価格 − 製造原価 ┘ **製造業の場合**

　よって本書では、「製造原価 + 販管費」を「販管費込原価」と呼ぶことにします。
　製造業では、**「見積金額 = 販管費込原価 + 利益」**なのです。

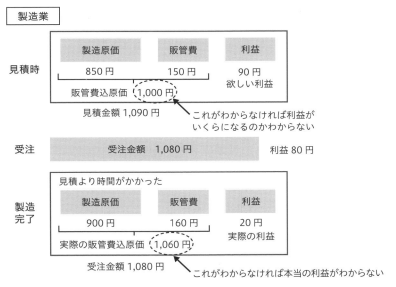

図1-2 ▶ 製造業の受注金額、製造原価と利益

　決算で利益を計算するためには、会社全体の製造原価が必要です。これは経理や会計事務所が計算しています。しかし③の「販売価格を上げる」、つまり高く売るためには、その製品がいくらでできるのか、個別原価を知る必要があります。

個別原価の目的はたった2つ

　個別原価の目的は、以下の2点です。
　① 適切な売価を決めるため
　② 製造した製品毎の実際の利益の把握

　図1-2の製品は見積時の販管費込原価は1,000円でした。見積金額が
1,090円の場合、利益は90円です。この1,090円の見積を顧客に提出し価
格交渉の結果1,080円で受注しました。販管費込原価が1,000円とわかっ
ているので得られる利益は80円とわかります。
　この製品を製造した結果、実際の製造原価は900円でした。その結果、
販管費込原価は1,060円になるため、実際の利益は20円とわかります。
20円では少ないので「なぜ製造原価が900円になってしまったのか」原
因を追究しなければなりません。
　しかし個別原価がわからなければ「いくらで受注すれば欲しい利益にな
るのか」わかりません。そして「いくらで製造したのか」がわからなけれ
ば、本当の利益もわかりません。これでは「本当は利益が出ていなくても」
手を打てません。
　製造業の多くは利益率はそれほど高くありません。見積が低ければ受注
した時点で赤字です。しかも様々な原因で実際の原価が高くなります。実
績原価を把握しなければ知らない間に赤字になってもわかりません。

個別原価の計算に使う値は、利益を測る「ものさし」

　つまり個別原価とは、受注活動や生産活動の収益性を測る「ものさし」です。
ものさしが変わってしまっては、本当の利益がどれだかわからなくなってしま
います。そこで個別原価の計算方法は一定期間（例えば1年間）固定します。
　この個別原価の詳細については、次節で説明します。

2 製造原価の構成は どうなっているのだろうか？

ポイント 4 製造原価の構成は「材料費＋外注費＋製造費用」

製造原価は

製造原価 ＝ 材料費 ＋ 外注費 ＋ 製造費用

で構成されます。

図 1-3 ▶ 製造原価の構成

◆ 材料費

鋼材、樹脂原料など原材料、社外からの購入品、社外に発注した部品などです。ボルト、ピン、結束バンドなどは原材料でも消耗品として製造経費に計上することもあります。

◆ 外注費

めっき、塗装、焼入など、自社の製造工程の一部を社外に委託した金額です。

◆ 直接製造費用

製造に直接かかった費用です。

・人の費用
・設備の費用

人の費用、設備の費用は、1時間当たりの費用（アワーレート注1）から計算します。

　　人の製造費用 = アワーレート（人）× 製造時間（人）
　　設備の製造費用 = アワーレート（設備）× 製造時間（設備）

◆ 間接製造費用

　製造に間接的にかかった費用です。

- 間接部門の労務費
- 工場の様々な経費（製造経費）

注1　アワーレートとは時間当たりの費用のことで、チャージ、賃率、ローディングなどと呼ばれることもあります。単位時間は1時間が多いのですが、分、または秒の場合もあります。このアワーレートは、製造工程毎に異なることもあります。

ポイント 5　個別原価を計算する元となる費用は決算書

　これらを1年間合計したものが決算書の中の損益計算書と製造原価報告書です。損益計算書は決算期間中（通常1年間）の売上高、費用、販管費を記載したものです。製造原価報告書は製造原価の明細を記載したものです（便宜的に以降は決算書とします）（**図1-4**）。

損　益　計　算　書		
Ⅰ 営 業 利 益		
売 上 高		
売上高	700,000,000	700,000,000
Ⅱ 営 業 費 用		
1 売上原価		
期首棚卸高	2,000,000	
当期製造原価	560,000,000	
期末棚卸高	2,000,000	560,000,000
売上総利益		140,000,000
2 販売費及び一般管理費		
役員報酬	20,000,000	
給与手当	17,000,000	
法定福利費	8,000,000	
中略		
消耗品費	1,800,000	
減価償却費	1,820,000	
雑費	2,730,000	100,000,000
営業利益		40,000,000

製　造　原　価　報　告　書		
Ⅰ 材 料 費		
期首材料棚卸高	3,000,000	
材料仕入	340,000,000	
期末材料棚卸高	3,000,000	340,000,000
Ⅱ 労 務 費		
賃金	136,064,000	
法定福利費	13,936,000	150,000,000
Ⅲ 外 注 費		
外注加工費	10,000,000	10,000,000
Ⅳ 製 造 経 費		
電気代	9,000,000	
修繕費	4,000,000	
中略		
消耗品費	3,900,000	
減価償却費	28,000,000	60,000,000
Ⅴ 製 造 原 価		
当期製造費用	560,000,000	560,000,000

図1-4 ▶ 決算書（損益計算書、製造原価報告書）の例

決算書と個別原価の費用構成とその関係は**図1-5**のようになっています。

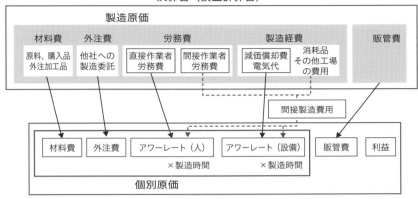

図1-5 ▶ 決算書と個別原価の関係

　アワーレート（人）は決算書の直接作業者の労務費から、アワーレート（設備）は決算書の製造経費（減価償却費、電気代の一部）から計算します。間接作業者の労務費やそれ以外の製造経費は間接製造費用として、各現場に分配[注2]して、アワーレート（人）とアワーレート（設備）の計算に盛り込みます。

　実際にはすべての製品をこのように計算しなければならないわけではありません。原価の中で材料費の比率が非常に高い製品は、材料費を詳細に計算し、購入価格の変動も個別原価に反映します。対して製造費用は人と設備を合わせた平均のアワーレートで計算してしまいます。一方人や設備の製造費用の比率の高い製品は、材料費は年間同一単価とみなし、購入価格の変動は無視することもあります。

　この費用には、変動費と固定費という分類もあります。これについて次節で説明します。

　　会計では割り振ることを「配賦」「賦課」と呼び、以下のように使い分けています。

配賦：製造原価を計算する際に、間接費を何らかの基準（配賦基準）を用いて振り分けること

賦課：製造原価を計算する際に、「何に」「どれだけ」使ったのかがわかる直接費を振り分けること

　　例えば「直接費は賦課して、間接費は配賦する」と言います。本書ではなじみのない会計用語をあえて使わず、一般的な「分配」を使用します。

3 変動費と固定費はどのように 考えたらよいのだろうか？

工場で発生する費用は、変動費と固定費の2種類があります（**図1-6**）。

ポイント 6 **工場で発生する費用には変動費と固定費がある**

・変動費

売上がゼロの時ゼロ、売上の増加に従って増加する費用、材料費、外注費など

・固定費

売上にかかわらず常に一定額発生する費用、家賃、リース料など

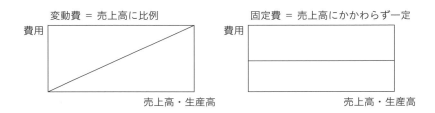

図1-6 ▶ 変動費と固定費

実際は人件費のように基本給（固定費）と残業手当（変動費）の組合せもあります。人件費は基本給（固定費）の部分が大きいので固定費と考えます。他にも変動費の部分と固定費の部分のある費用はありますが、考え方をシンプルにするためにこれらは固定費と考えます。

大ざっぱに分けると製造業では、材料費と外注費が変動費、残りは固定費です。（製造経費にも変動費的な費用はありますが金額が低いのでここでは無視します。）

限界利益とは売上から変動費を引いたものです。

限界利益 ＝ 売上高 － 変動費

ポイント 7 ▸ 小売業と製造業では変動費の扱いが違う

　小売業の場合、変動費は仕入原価と考えることができます。（販管費も変動費部分は多少ありますが、今回は無視します。）**図1-7** に１節で挙げた小売業の例を再度示します。

図1-7 ▸ 小売業の変動費と固定費

　小売業の場合は、

　変動費 ＝ 仕入原価、固定費 ＝ 販管費

となるので

　限界利益 ＝ 粗利

　限界利益率は限界利益を売上高で割ったものなので、

$$限界利益率 ＝ \frac{限界利益}{売上高}$$

となります。

　次に、製造業の場合の変動費と固定費を**図1-8** に示します。

図 1-8 ▶ 製造業の変動費と固定費

　小売業と比較すると製造原価に固定費が入っているため、小売業より固定費の割合が高いことがわかります。小売業は固定費の割合が低く、売上が減少すれば費用が大きく下がります。そのため売上が下がっても赤字になりにくいという特徴があります。対して製造業は固定費の割合が高く、売上が減少すると大きな赤字になります。その反面売上が増加すれば、小売業よりも大きな利益が出ます。つまり固定費が高い付加価値[注3]を生む業種なのです。

ポイント 8 「固定費の回収」ができなければ赤字になる

　限界利益が固定費を上回れば「固定費が回収」できています。もし固定費が回収できなければ赤字です。

　図 1-9 は製造業の固定費の回収を示しています。わかりやすくするため、この工場は受注金額 1,080 円の製品 1 種類しか製造していないとします。10 月の販売数は 4 万個、売上は 4,320 万円でした。1 か月の固定費は 2,800 万円なので、固定費を回収して 320 万円の利益がありました。一方 11 月は売上が減少し固定費が回収できなかったため 460 万円の赤字でした。

　このように製造業は売上が十分にあれば固定費を回収して大きな利益が出る反面、売上が下がって固定費を回収できなければ大きな赤字が出ます。

10月　売上高　4,320万円（受注数4万個）

| 変動費
（材料費）
300円 | 製造原価
固定費部分
550円 | 販管費
（固定費）
150円 | 利益
320万円 |
| 変動費合計
1,200万円 | 固定費　2,800万円 | | 固定費は回収 |

売上高　1,080×4＝4,320万円
変動費　300×4＝1,200万円
固定費
（550＋150）×4＝2,800万円
利益　80×4＝320万円

限界利益（粗利）3,120万円

11月　売上高　3,240万円（受注数3万個）

| 変動費
（材料費）
300円 | 製造原価
固定費部分
550円 | 販管費
（固定費）
150円 | 利益
▲460万円 |
| 変動費合計
900万円 | 固定費　2,800万円 | | 固定費回収不足 |

売上高　1,080×3＝3,240万円
変動費　300×3＝900万円
固定費は変わらず2,800万円
利益
3,240－900－2,800＝▲460万円

限界利益（粗利）2,340万円

図1-9 ▶ 固定費の回収

　この固定費には直接製造費用と間接製造費用があります。これについて
は次節で説明します。

注3：**付加価値**
　　　　企業が生み出す経済的価値を付加価値と呼びます。付加価値は売上から外部に支払った費用
　　　を除いたもので、2種類の計算方式があります。
　　　日銀方式：経常利益＋人件費＋賃借料＋減価償却費＋金融費用＋租税公課
　　　中小企業庁方式：売上高－外部購入価値（材料費、買入部品費、外注加工費など）
　　　　工場の生み出す付加価値は大きく分けると、
　　　・人件費
　　　・減価償却費（設備投資）
　　　・利益
　　　の3つです。
　　　　従って付加価値を高めるには、賃上げ、設備投資、受注価格引上げ、生産量増加のいずれか
　　　が必要です。

4 直接製造費用と間接製造費用 の違いはなんだろうか？

直接製造費用はどの製品にどのくらいかかったのかわかる費用

　工場で発生する費用は、どれも製品を製造するための費用です。建物の費用や工場の借地料も工場のための費用であり、その最終目的は製品の製造です。この費用の中で**直接製造費用**と**間接製造費用**の違いは以下の点です。

　・直接製造費用

　どの製品にどのくらいかかったのか明確にわかる費用、人の費用と設備の費用がある。

　・間接製造費用

　どの製品にどのくらいかかったのか明確にわからない費用、間接部門の費用や消耗品、他に工場全体にかかる費用

人と設備の直接製造費用の違いを理解する

◆ 人の場合

　組立作業者、機械オペレーターなど、働いた時間の分、組立・加工が進む人たちが直接作業者です。直接作業者の費用は直接製造費用です。直接作業者が増員されれば生産能力が増強され、工場の稼ぐ力が増えます。

◆ 設備の場合

　加工機械、組立機械など、稼働した分だけ生産が進む設備が直接製造設備です。この直接製造設備の費用は直接製造費用です。直接製造設備が増えれば生産能力は増強されます。

工場にも直接部門と間接部門がある

　工場の各部門も直接製品を製造する直接部門と、直接製品を製造しない間接部門があります。例えば生産管理、品質管理、資材管理などは間接部門です。間接部門の費用は間接製造費用です。一方直接部門の費用には直接製造費用と間接製造費用があります。**図 1-10** に A 社の現場[注4]の構成を示します。この中で直接製造費用はグレーの部分です。それ以外の部分は間接製造費用です。

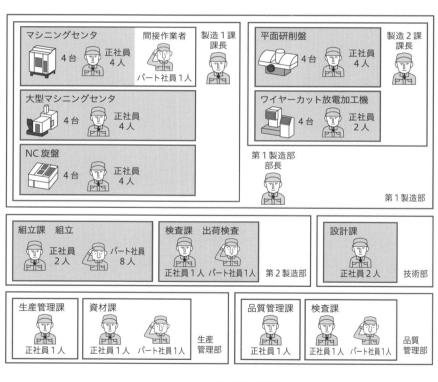

図 1-10 ▶ A 社の現場構成

ポイント 12 間接製造費用は直接製造費用が支える

　直接製品を製造しない間接作業者の費用や間接部門の費用は、製品の売上で賄われます。この売上をつくっているのは、製品を製造している直接作業者や直接製造設備です。

　つまり間接作業者や間接部門の費用は、直接作業者や直接製造設備に負担してもらっています（**図1-11**）。間接作業者や間接部門の費用が増えても工場の売上は変わりません。その分、直接部門の負担が重くなり利益が減少します。

図1-11 ▶ 間接部門は直接作業者と直接製造設備が支えている

　つまりお金を増やすには「**直接作業者や設備がより長く働く**」、「**より効率よく働き生産量を上げる**」この2つしか方法はありません。工場とは

・「**ボルト締めてナンボ**」（組立作業はボルトを締めて組み立てている時間だけがお金を稼いでいる）

・「**切粉出してナンボ**」（切削工現場では刃物が材料を削って切粉を出している時間だけがお金を稼いでいる）

なのです。

注4　本書はアワーレートを管理する単位を「現場」と呼びます。同じ組織（課、係）でもアワーレートが異なれば違う現場にします。もし1人の作業者が2つの現場で作業する場合、その作業者の人件費と年間就業時間を複数の現場に分けます。

5 コストテーブルを使えと 言われたが…

本書で説明する個別原価計算は決算書を元にした簡単な方法です。しかし製造時間だけは個別に算出しなければなりません。そこで「もっと簡単に個別原価を計算するためコストテーブルを使ったらどうか？」という考え方を紹介します。コストテーブルとはどのようなものでしょうか？

ポイント 13 コストテーブルは代表値から計算する方法

コストテーブルは、寸法や重量、部品点数、ネジの本数などの代表値（パラメーター）と実績原価の関係を調べて、これらのパラメーターから原価を算出できるようにした数式や表のことです。コストテーブルが成り立つには、代表値と個別原価の間に相関関係が成立していなければなりません。一般的には比例計算や一次関数を使用しますが、複雑な関数や複数のパラメーターを使用することもできます（**図 1-12**）。

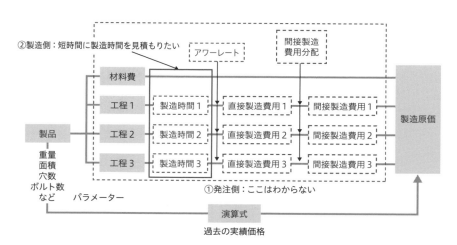

図 1-12 ▶ コストテーブルの構造と目的

このコストテーブルの目的は、

① 発注側の見積査定

② 製造側のスピーディーな見積

の2点です。発注する側は、製造する側の製造プロセスやアワーレートはわかりません。そこで見積を査定するために、過去の実績価格を元にコストテーブルを作成します。そしてコストテーブルを参照して見積価格が高すぎないか査定します。

　一方、コストテーブルは代表値から個別原価を計算するため、代表値と個別原価との相関関係が成り立たなければ実際の原価と合わなくなります。例えば、鋳物のコストテーブルにはよく重量が使われます。重量が重ければ材料費が高く製造時間も長くなるからです。ところが薄肉で大型の鋳物は、とても手間がかかります。そのため重量当たりのコストが高くなります。しかし重量が軽いためコストテーブルでの価格は低くなってしまいます。その結果、「合わないコストでどこかが受注する」あるいは、「誰も受注したがらず発注先が決まらない」といったことが起きます。

　従ってコストテーブルを使用する場合は、コストテーブルが合わない条件を明確にし（**図1-13**）、その場合の対処方法を決めておきます。

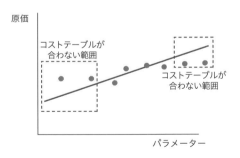

図1-13 ▶ コストテーブルが合わない範囲の例

　一方、製造する側もコストテーブルを活用すれば短時間で見積りできます。例えば多品種少量生産では見積の作成に多くの時間をかけられません。しかし初めての製品は製造時間を見積るのに時間がかかります。そこ

で製品のパラメーター（重量、表面積、輪郭など）と製造時間の関係を調べて相関関係があれば、コストテーブル化できます。そうすれば容易に製造時間が算出できます。

ポイント 14 コストテーブルの定期的な保守が不可欠

コストテーブルは過去の実績を元に作成するため、製造条件が変われば結果が変わります。例えば、人件費、光熱費や原材料費の上昇、設備や刃物の進化による製造時間の変化などです。そうなるとコストテーブルが合わなくなるため、定期的に実績原価と照らし合わせてコストテーブルの保守を行わなければなりません。その際、複雑なコストテーブルは保守に手間がかかります。実際「前の担当者が頑張ってつくったコストテーブルはあるけど、担当者が移動してずいぶん経つので今は使っていない」ということはよくあります。

ポイント 15 コストテーブルの注意点を押さえておく

コストテーブルの注意点は以下の2点です。

● 安すぎる、高すぎる見積

前述の鋳物のように、重量が軽くて手間がかかる製品は価格を低く見積ってしまいます。重量当たりの単価が合わない問題は、他に薄肉で複雑な溶接構造物（通称製缶品）などでも起きることがあります。

● 実績価格が安すぎる価格ばかりになる

製造業は固定費の割合が高いため、受注が少なければ赤字でも受注して固定費を回収します。部品メーカーの繁忙状況は様々なので、サプライチェーンの中で、仕事の少ない会社が入れ替わり赤字で受注すると、実績価格は実現困難な赤字価格が多くなってしまいます。過去に実績があったからといって、その価格で製造することを要求すれば、無理な価格を強要することになってしまいます。

COLUMN ◆ 1

受注生産企業と見込生産企業の違い

　製造業は固定費の割合が高いため、固定費の回収はとても重要です。そのため受注が少ない場合、価格を下げてでも受注が増えれば、固定費がより多く回収できます。理論上は変動費に少しでもプラスすれば受注する価値があります。現実にはあまり低い価格で受注すれば、その価格が実績として記録され、その後受注が増えても値戻しが難しくなってしまいますが。

　この価格に対する考え方は自社が「受注生産型」か「見込生産型」かによっても大きく変わります。自社が見込生産型で、しかも「市場が価格を決める」製品は、**図 1-14** に示すように価格を下げれば他社から市場を奪って売上を増やすことができます。個々の製品の利益率は下がりますが、売上が増えるため利益総額は増えます。一般消費者が購入する汎用的な製品（コモディティ品）などがそうです。しかもこういった商品には市場価格が次第に低下するものがあります。（ある企業から実際に年率 15% で低下すると聞きました。）ただし自社が価格を下げれば、競合も対抗するため激しい価格競争になります。

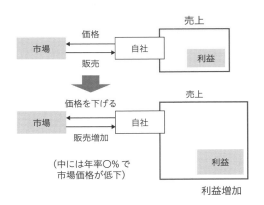

図 1-14 ▶ 価格は市場が決める場合

　これに対して受注生産型の企業は、**図 1-15** に示すように販売量は顧客の需要で決まります。価格を下げても販売量は大きくは増えません。しかも仕事量

が少ないからと価格を下げれば、顧客は低い価格を基準に考えるため、受注量が回復しても価格を上げることが難しくなります。

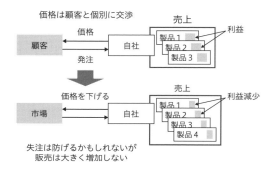

図 1-15 ▶ 受注型生産企業の場合

このように自社が「受注生産型」「見込生産型」、「価格は市場が決めるかどうか」は自社の価格決定に大きな影響があります。

人の費用の疑問

1 人のアワーレートは どうやって計算するのだろうか？

　人のアワーレート〔以降、アワーレート（人）〕とは、1時間当たりの作業者の費用です。このアワーレート（人）とは時給でしょうか。

ポイント 16 ▶ アワーレート（人）の計算式には稼働率が入る

　ある作業者の1日を図2-1に示します。1日のうちでお金を生んでいるのは段取時間と生産時間です。（段取中は生産しませんが、本書は段取費用も見積に含めるので、お金を生む時間と考えます。）それ以外の朝礼、会議、保守作業、片付けはお金を生んでいません。そこでお金を生む時間（段取時間と生産時間）を稼働時間、お金を生まない時間を非稼働時間とします。

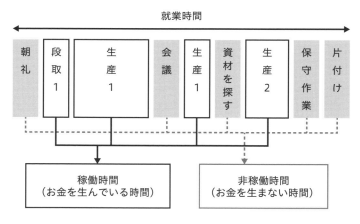

図2-1 ▶ 稼働時間と非稼働時間

　稼働率は、就業時間に対する稼働時間の割合です。（稼働率については他にも様々な定義があります。P.44 COLUMN◆2参照）

$$稼働率 = \frac{稼働時間}{就業時間}$$

　直接作業者も朝礼など生産活動以外の時間があるため、稼働率は 100% になりません。アワーレート（人）は、人の費用（人件費）をこの稼働時間で割って計算します。

$$アワーレート（人） = \frac{人件費}{稼働時間} = \frac{人件費}{就業時間 \times 稼働率}$$

ポイント 17 ▶ アワーレート（人）は年間で固定

　人件費は残業などにより毎月変動します。そして稼働率も一定ではありません。従ってアワーレート（人）は毎月変化します。月次決算や四半期決算を行っている企業は、一定期間のアワーレートを計算し、それを元に仕掛品や在庫の金額を計算しています。特に稼働率が変動するとアワーレートが大きく変化し、原価も変わります。ヒマな時はアワーレートが上がって原価が高くなり、忙しくなるとアワーレートが下がって原価が低くなります。

　しかし個別原価ではアワーレート（人）は原価を計算する「ものさし」です。このものさしが変動すれば個別原価も変動します。そうなるとその製品が本当に儲かっているのかどうかわからなくなってしまいます。そこでアワーレート（人）は一定期間固定します。そして原価は変えずに 1 章 3 節で述べた限界利益総額で利益を管理します。

　上場企業 121 社でも予定賃率（アワーレート）の改定の頻度は 1 年に 1 回が 54.5%、半年に 1 回が 33.4% でした。(参考文献1) 大企業でもアワーレートの見直しの頻度は高くないようです。

　この**人件費**には、賃金や各種手当に加えて、会社負担の健康保険や年金など社会保険料も含まれます。

人件費 ＝ 年間総支給額（賃金、賞与、残業手当など各種手当）＋ 会社
負担社会保険料

A 社、a さんのアワーレート（人）の計算を**図 2-2** に示します。

正社員1　aさん

年間支給額　330万円　会社負担社会保険料　22万円
人件費　330＋22＝352万円
年間就業時間　2,200時間

稼働率1.0 アワーレート（人） 1,600円/時間	稼働率0.8 アワーレート（人） 2,000円/時間	稼働率0.5 アワーレート（人） 3,200円/時間

図 2-2 ▶ 稼働率とアワーレート（人）

稼働率 0.8 の場合

$$アワーレート（人）= \frac{352 \times 10^4}{2,200 \times 0.8} = 2,000 円 / 時間$$

稼働率が 0.5 になれば、

$$アワーレート（人）= \frac{352 \times 10^4}{2,200 \times 0.5} = 3,200 円 / 時間$$

　a さんのアワーレート（人）は稼働率 1.0 では 1,600 円 / 時間でしたが、
稼働率 0.8 では 2,000 円 / 時間、稼働率が 0.5 まで下がると 3,200 円 / 時間
に上昇しました。このように稼働率が上がれば原価は下がるのですが、中
にはあえて稼働率を低くしている工場もあります。例えば、特急の受注を
主に対応する工場は、設備や人員に余裕を持たせる必要があります。その

ため稼働率は低くなります。このように稼働率の目標値は工場により異なります。

ポイント 18 （記録がない場合）稼働率は作業者をサンプリング調査して決める

　実際には自社の作業者の稼働率のデータはないことも多いです。作業者全員の稼働時間をずっと記録するのは大変なので、数人の作業者をサンプリングして数日間調べます。そして他の作業者も同様とみなします。（ただし、工程管理システムで作業者 1 人ひとりの稼働時間を記録すれば、全員把握することは可能です。）

2 標準時間にはどのような役割があるのだろうか？

　稼働率が上がらない時に問題となるのか、空きの目立つ生産計画と作業者任せの現場です。特に多品種少量生産の工場ではこれは大きな課題です。

19 標準時間は日程計画のベース

　「新たにある製品を生産する時にどのくらいの時間でできるのか」この予定時間（標準時間）は見積、生産計画、作業者の目標時間の元となる時間です。大量生産の場合は、この標準時間は細かく計算したり、実際にテスト生産を行ったりして正確に算出します。

　しかし多品種少量生産や単品生産は初めて生産する製品が多く、毎回正確に時間を見積るのは困難です。それでも見積書をつくる時は何らかの方法で製造時間を見積っているはずです（精度はともかくとして）。それならば見積書の時間を標準時間とすればよいのです。

20 日々の生産計画と確実な実行が管理者の最大の役割

　製造業の生産性向上・コストダウンの基本は
- 稼ぐ時間を増やす＝稼働率向上
- 1個の生産時間を短くする＝生産性改善

の2つです。

　少品種大量生産では日々の生産品目が明確なので
- 非稼働時間の削減
- 1個の生産時間を短くする（スピードアップ）

は比較的容易です。

　また大量生産の工場の多くはベルトコンベアや自動化設備など、作業のペースを強制的に作り出す仕組みがあります。

　人は頑張って作業しているつもりでも自分の楽なペースに自然と落ち着きます。マラソンのトップランナーでも自分のペースだけではなかなか好記録が出ません。そのため近年は、レースにペースメーカーを入れ、30km あたりまでは目標ペースで引っ張ってもらっています。

　大量生産の場合、**図 2-3** に示すように標準時間が明確なので、1 日の出来高の目標と完了予定時間も明確です。作業者はこの目標を達成できるように努力します。現場も進捗がわかるように表示装置（別名アンドン）を入れます。さらにコンベアスピードを上げたり、人を減らして「どこが間に合わないのか」作業者にわかるようにして、作業者に改善を促します。

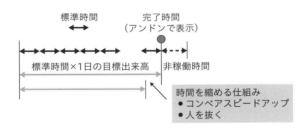

図 2-3 ▶ 大量生産の目標時間と実績管理

　ところが多品種少量生産は製品の種類が多く、標準時間も前述のように概算だったりします。中には「どの製品を何時までに何個つくればよいのか」指示していない管理者もいます。その結果、生産は作業者のマイペースになってしまいます。納期に間に合わなくなり残業で対応し、その結果、見積時間をオーバーして赤字になります。

そして次回から利益が出るように見積を高くすれば、失注が増えてしまいます。現場では図面の内容を顧客に確認したり、必要な刃物がない、ワークがうまくクランプできないなど、問題が日々発生します。完了時間を決めておかなければ、遅れる要因はたくさんあるのです（**図 2-4**）。

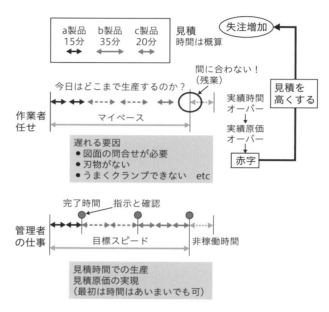

図 2-4 ▶ 多品種少量生産の目標時間と実績管理

しかし多品種少量生産の現場では製品毎の完了時間を指示するシステムがないことも多いのです。本来、これは管理者の仕事で、管理者は
● 各作業者の１日の製品と目標時間を決めて作業者に指示
● 各作業者の進捗状況をチェックして問題や遅れが生じれば直ちに対処
● 作業者が問題点の改善に取り組むように促す
この３つを優先して行わなければなりません。

ではこの標準時間はどうやって決めたらよいでしょうか？
これについては次節で説明します。

3 標準時間はどうやって決めたらよいだろうか？

標準時間の決め方

標準時間は、以下のように決めます。

標準時間 = 正味時間 + 余裕時間

正味時間：標準的なスキルの作業者が、作業手順書に決められた作業手順で作業した時の時間（正味時間を主体作業と付帯作業に分ける場合もあります。）
余裕時間：標準作業以外で発生する作業の時間

余裕時間 = 正味時間 × 余裕率

正味時間の決め方は
①熟練者の経験でエイヤッと決める方法
②過去の実績、類似製品や作業の結果から類推する方法
③直接時間研究　ストップウォッチなどで直接測定し、レイティングで標準速度に補正する方法
④PTS法（既定時間標準法　Predetermined Time Standards）要素作業に分解して、あらかじめ決まった要素作業時間から構成する方法[注1]
⑤標準時間資料法　コストテーブルのように製品のパラメーターから概算する方法、例えば表面積や輪郭の長さなどから時間を計算

　大量生産では③あるいは④で正確に決めることができます。多品種少量生産では、正味時間の決定にそんなに時間をかけられないため、①か②で行います。将来は実績時間のデータを元にパラメーターで時間を算出する⑤をつくれば、誰でも正味時間を簡単に算出できます。

ポイント 22 ▶ 余裕時間の決め方

　実際の時間は突発的な作業や前工程の遅れ、疲れなどにより、正味時間より長くなります。そこで正味時間に余裕時間を加えて標準時間とします。

余裕率は以下の式で計算します。

　余裕率 ＝ 作業余裕 ＋ 職場余裕 ＋ 人的余裕 ＋ 疲労余裕

　余裕時間の内容と余裕率を**表 2-1** に示します。

表 2-1 ▶ 余裕時間の内容と余裕率

	余裕率（%）	内容	例
作業余裕	3 ～ 5	必要だが偶発的に発生する作業	工具交換、材料補給、調整、切粉 BOX の交換
職場余裕	3 ～ 5	前工程、後工程による手待ち、遅れ、偶発的なトラブル	手待ち、材料切れ、清掃、作業指導、やりそこない、点検、日報記入など
人的余裕	2 ～ 5	生理的欲求によるもの	トイレ、水飲み、汗拭き
疲労余裕	重作業 20 ～ 30 中作業 10 ～ 20 軽作業 5 ～ 10	疲労による遅れ、作業量の減少	重筋作業、高温など環境が悪い場合の作業スピード低下

　例えば

　正味時間　0.5 時間

　作業余裕　4%

　職場余裕　4%

　人的余裕　4%

　疲労余裕　8%

　余裕率 ＝ 作業余裕 ＋ 職場余裕 ＋ 人的余裕 ＋ 疲労余裕 ＝ 4 ＋ 4 ＋ 4 ＋ 8 ＝ 20 %
　余裕時間 ＝ 正味時間 × 余裕率 ＝ 0.5 × 0.2 ＝ 0.1 時間
　標準時間 ＝ 正味時間 ＋ 余裕時間 ＝ 0.5 ＋ 0.1 ＝ 0.6 時間

ポイント 23 ▶ 作業者の目標時間は標準時間より短く

　工具交換、材料補給などの作業余裕、手待ち、材料切れなどの職場余裕は、どれも改善すべき時間です。しかし標準時間を目標時間にすれば、作業者は常に目標時間をクリヤできるため、改善すべき点が見つかりません。問題を顕在化し改善を推進するためには、目標時間は標準時間でなく、正味時間あるいは正味時間プラスアルファに設定します。そして「なぜ目標時間でできないのか？」を追求し、改善点を見つけます（**図 2-5**）。

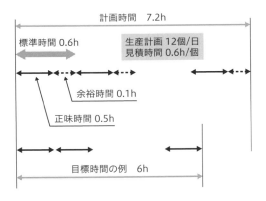

図 2-5 ▶ 目標時間と計画時間

ポイント 24 ▶ 生産計画、個別原価の時間は確実に達成できる時間

　一方、生産計画や個別原価の計算は標準時間を使用します。失敗やトラブルが頻発し標準時間より長くなっていれば、その時間を使用します。そうしないと「達成できない生産計画」、「最初から赤字の見積」ができてしまいます。

注1 既定時間標準法（PTS 法；Predetermined Time Standard system）は標準時間を決める際に、実測で生じる測定値のばらつきをなくすため、作業を各身体動作に分解し、予め決めた身体動作の時間から標準時間を構成する方法です。実作業を必要としないので生産開始前でも標準時間を決めることができます。ただし活用するには専門の教育を受ける必要があります。PTS法には WF 法、MTM 法、MODAPTS 法（モダプツ法）などがあり、作業スピードの目安として歩行スピードを WF 法 1.67m/ 秒、MTM 法 1.33m/ 秒、MODAPTS 法 1.11m/ 秒としています。これは作業スピードを決める参考に使われます。

4 賃金の高い人と低い人で原価は変わるのだろうか？

　賃金が高い（年間総支給額が高い）人は、アワーレート（人）が高くなります。例えばA社　マシニングセンタの現場は年間総支給額330万円の正社員1（aさん、bさん）、390万円の正社員2（cさん）、450万円の正社員3（dさん）の4名の直接作業者がいました。年間就業時間は4人とも2,200時間、稼働率は0.8でした。

　各作業者のアワーレートは正社員1が2,000円／時間、正社員2が2,500円／時間、正社員3が3,000円／時間でした。

正社員aさん、bさん

正社員cさん

正社員dさん

正社員1	正社員2	正社員3
人件費　352万円	人件費　440万円	人件費　528万円
年間支給額330万円 会社負担社会保険料22万円	年間支給額390万円 会社負担社会保険料50万円	年間支給額450万円 会社負担社会保険料78万円
アワーレート（人）2,000円/時間	アワーレート（人）2,500円/時間	アワーレート（人）3,000円/時間

全員　就業時間2,200時間　稼働率0.8

製造費用 2,000円   製造費用 3,000円

製造時間1時間

平均アワーレート（人）2,380円/時間

図2-6 ▶ マシニングセンタの現場の人員構成とアワーレート

ポイント 25　作業者と製品を管理できるかどうか考えてみる

　アワーレート（人）が異なれば原価も変わります。**図2-6**の製品は製

造時間が1時間でした。aさんが製造すれば製造費用は 2,000 円、d さんが製造すれば製造費用は 3,000 円で 1.5 倍になります。

しかし現実には同じ製品を a さんが生産した原価の低いものと d さんが生産した原価の高いものと区別することは困難です。

ポイント 26 管理できなければ平均アワーレート（人）を使用する

そこで、その現場の**平均アワーレート（人）**を計算します。平均アワーレート（人）は、その現場の人件費の合計を個々の作業者の稼働時間の合計で割って計算します。

$$平均アワーレート（人）＝\frac{作業者の人件費合計}{稼働時間（就業時間×稼働率）合計}$$

$$平均アワーレート（人）＝\frac{\overbrace{352 \times 2 \times 10^4}^{a さん、b さん} + \overbrace{440 \times 10^4}^{c さん} + \overbrace{528 \times 10^4}^{d さん}}{\underbrace{2,200 \times 2 \times 0.8}_{a さん、b さん} + \underbrace{2,200 \times 0.8}_{c さん} + \underbrace{2,200 \times 0.8}_{d さん}}$$

$$= 2,375 \fallingdotseq 2,380 \ 円 / 時間$$

平均アワーレート（人）2,380 円 / 時間

平均アワーレート（人）2,380 円 / 時間で原価を計算すれば、誰が生産しても同じ原価です。

ポイント 27 現場単位でアワーレート（人）を変える

A 社の組立現場は**図 2-7** に示すようにパート社員が 8 名いるため平均アワーレート（人）が低くなります。

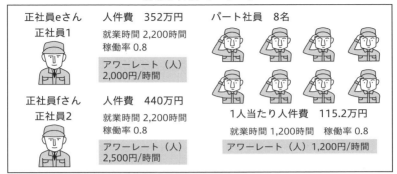

図 2-7 ▶ 組立現場の人員構成とアワーレート

　パート社員の人件費は 8 人とも 1 人当たり 115.2 万円（会社負担の社会保険料なし）、年間就業時間 1,200 時間、稼働率は 0.8 でした。各作業者のアワーレートは正社員 1 が 2,000 円 / 時間、正社員 2 が 2,500 円 / 時間、パート社員が 1,200 円 / 時間でした。

　この場合の平均アワーレート（人）は以下の式で計算します。

$$\text{平均アワーレート（人）} = \frac{\overbrace{(352+440) \times 10^4}^{\text{a さん、b さん}} + \overbrace{(115.2+0) \times 8 \times 10^4}^{\text{パートさん 8 人}}}{\underbrace{2,200 \times 0.8 + 2,200 \times 0.8}_{\text{a さん、b さん}} + \underbrace{(1,200 \times 0.8) \times 8}_{\text{パートさん 8 人}}}$$

$$= 1,530 \text{ 円 / 時間}$$

　マシニングセンタの現場は平均アワーレート（人）が 2,380 円 / 時間でしたが、組立現場はパート社員が 8 名いるため平均アワーレート（人）は

1,530 円／時間でした。

　もしどの現場も人員構成が似たようなものであれば、どの現場も同じ平均アワーレート（人）にすることもできます。大企業でも製造部門のアワーレート（人）が１種類というところも少なくありません。^{（参考文献1）}

5 直接生産しない人の費用は原価に含まれるのだろうか？

　前節では、アワーレート（人）は機械オペレーターや組立作業者など現場で直接生産に携わる人（以降、直接作業者）の費用から計算しました。現場にはこの直接作業者の他に、前準備や後片付けなど補助的な作業をする人（以降、間接作業者）もいます。この人たちの費用はどうなるのでしょうか？

ポイント 28 直接生産しない人の費用もアワーレート（人）に入れる

　現場の間接作業者の費用は、現場の平均アワーレート（人）を計算する際に、直接作業者の人件費の合計に加えます。ただし分母の稼働時間は直接作業者の稼働時間の合計のみです。

$$平均アワーレート（人）= \frac{直接作業者の人件費合計 + \boxed{間接作業者の人件費合計}}{直接作業者の稼働時間合計}$$

　マシニングセンタの現場は**図 2-8** に示すように間接作業者としてパート社員が 1 名いました。

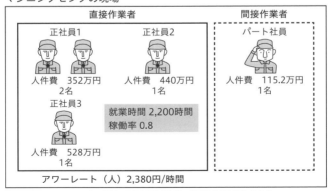

図 2-8 ▶ 直接作業者と間接作業者

間接作業者を含めた平均アワーレート（人）は以下のようになります。

$$\text{平均アワーレート（人）} = \frac{\overbrace{(352 \times 2 + 440 + 528)}^{\text{直接作業者}} \times 10^4 + \overbrace{115.2 \times 10^4}^{\text{間接作業者}}}{\underbrace{2,200 \times 0.8 \times 4}_{\text{直接作業者4人のみ}}}$$

$$= 2,593 \fallingdotseq 2,540 \text{ 円／時間}$$

間接作業者を含めた平均アワーレート（人）は 2,540 円／時間でした。間接作業者としてパート社員1名がいることで、アワーレート（人）は160 円／時間、増加しました。

ポイント 29 複数の現場を統括する管理者の費用は各現場に分配する

管理業務のみ行い直接生産を行わない管理者の費用も間接作業者と同様に計算します。その管理者が複数の現場を管理する場合は、管理者の費用を各現場に分配します。

例えば A 社の製造1課の管理者（課長）は、マシニングセンタの現場の他に「大型マシニングセンタ」と「NC 旋盤」合計3つの現場の管理をしていました。そこで管理者の費用を3つの現場に分配します（**図 2-9**）。

$$\text{平均アワーレート（人）} = \frac{\overbrace{(352 \times 2 + 440 + 528)}^{\text{直接作業者人件費合計}} \times 10^4 + \overbrace{115.2 \times 10^4}^{\text{間接作業者}} + \overbrace{(528/3) \times 10^4}^{\text{管理者}}}{\underbrace{2,200 \times 0.8 \times 4}_{\text{直接作業者稼働時間合計}}}$$

$$= 2,789 \fallingdotseq 2,780 \text{ 円／時間}$$

- 直接作業者のみ　2,380 円／時間
- 間接作業者を含む　2,540 円／時間

- 間接作業者と管理者を含む　2,780 円 / 時間

つまり

- 間接作業者の費用を入れることでプラス 160 円 / 時間
- 管理者の費用を入れることでプラス 240 円 / 時間
- 両方の費用を入れることでプラス 400 円 / 時間

アワーレート（人）が増加しました。

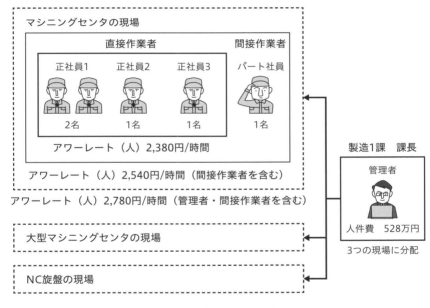

図 2-9 ▶ 管理者の費用

　では直接製造に関与しない間接部門の人の費用はどうなるのでしょうか？

　これについては次節で説明します。

6 間接部門の人の費用は
どう考えるのだろうか？

　工場には直接製品を製造する部門以外に、生産管理、資材調達、物流、品質管理など直接製品を製造しない部門もあります。本書はこれを間接部門と呼びます。間接部門の費用は原価にどのように影響するのでしょうか？

ポイント 30 ▶ 間接部門の費用と個別原価の関係を理解する

　代表的な間接部門の業務と発生する費用を以下に示します。これらの費用は**図2-10**に示すように各製造プロセスに影響します。

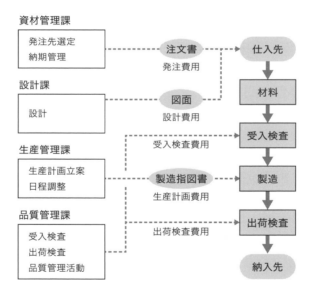

図2-10 ▶ 間接部門で発生する費用の流れ

- 資材管理課　発注先選定、納期管理
  【アウトプット】注文書　（発注費用）
- 設計課　設計

【アウトプット】図面（設計費用）

• 生産管理課　生産計画の立案、日程調整、製造指図書の発行（ロット生産の場合）

【アウトプット】製造指図書　（生産計画費用）

• 品質管理課　受入検査、出荷検査、品質管理活動

【アウトプット】検査結果　（受入検査費用、出荷検査費用）

　各部門の費用から、生産計画1回当たり、注文書1回当たりの費用を計算し、これを個別原価に入れれば、間接部門の費用を原価に入れることができます。これが活動基準原価計算（ABC Activity Based Costing）と呼ばれる方法です。

　しかし大変手間がかかることと、実際には生産計画や注文書にかかる費用は、どの製品も同じではないため正確性に疑問が生じます。実際にやってみたことがありますが、検査費用などは部品によって検査時間が全く違うため、検査件数で分配するのは無理がありました。

　そこで図2-11のように間接部門の費用を合計して各現場に一定の比率で分配します。アワーレートは、各現場の費用に分配された間接部門の費用を加えて計算します。現場に設備もある場合は、間接部門の費用はアワーレート（人）とアワーレート（設備）に振り分けます。

　間接製造費用の分配については4章1節で説明します。

$$平均アワーレート(人) = \frac{直接作業者の人件費合計 + 間接作業者の人件費合計 + \boxed{間接部門費用分配（人の分）}}{直接作業者の稼働時間合計}$$

ポイント 31　設計や検査費用は見積に含まれるかどうかで判断する

　特殊な製造設備のように顧客の仕様に基づいて毎回設計・製作する製品は、見積に設計費用も入れます。この場合は設計部門もお金を稼いでいるので、設計部門は直接製造部門になり、設計費用は直接製造費用になります。

　一方、自社開発の製品では、設計費用は見積に含まれないので設計費用

は間接製造費用になります。

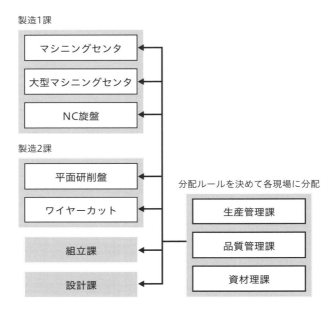

図 2-11 ▶ 間接部門費用の分配

　検査部門も同様です。検査費用が見積に含まれる場合は、検査部門もお金を稼いでいます。その場合は検査部門は直接製造部門になり、検査費用は直接製造費用です。検査費用が見積に含まれない場合は、検査部門は間接部門になり、検査費用は間接製造費用です（**図 2-12**）。

図 2-12 ▶ 設計・検査費用の考え方

つまり
- 間接部門の費用も原価の一部なので、各部門に分配する
- より細かく分配する方法（ABC）もあるが、手間の割に効果は低い。（中小企業はそこに手間をかけるより生産活動の改善に力を入れた方がよい）
- 間接製造部門と直接製造部門の違いは、費用が見積に含まれ顧客からお金をもらえるかどうか

です。

〈参考文献〉
1）「現場で使える原価計算」清水孝 著、中央経済社

稼働率と可動率

　本書は稼働率を「就業時間に対する稼働時間（お金を生んでいる時間）の比率」と定義します。これに対し可動率という言葉があります。この**可動率は計画時間に対する稼働時間の比率**です。

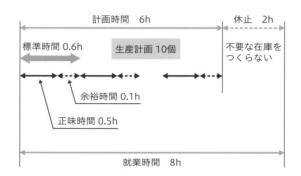

図 2-13 ▶ 計画時間と就業時間

図 2-13 の例では、標準時間 0.6 時間の製品 10 個の受注がありました。10 個を標準時間通りに製造すれば、6 時間です。この時

$$稼働率 = \frac{稼働時間}{就業時間} = \frac{6}{8} = 0.75 = 75\%$$

そこで余った時間も在庫を生産すれば稼働率を上げることができます。しかしこれは過剰在庫の原因になります。

計画時間は 6 時間なので

$$可動率 = \frac{稼働時間}{計画時間} = \frac{6}{6} = 1.0 = 100\%$$

可動率は 100% です。従って「可動率を管理すべき」と言われています。

つまり、この考えの背景には、稼働率を管理目標とすると「現場が勝手に在

庫を生産する」という考え方があります。実際は多品種少量生産や、大量生産でもロット生産の場合、「製造指図書」に基づいて生産します。その現場の判断で勝手に在庫を生産することはありません。

　可動率が 100% でも稼いでいない時間が 2 時間あることに変わりありません。その分アワーレートは高くなっています。製造業は固定費が大きい業種なので、人も設備もフル稼働すれば利益は大きくなります。ただしだからといって在庫をつくっても売上は増えません。（会計上は、在庫の増加は全体の製造原価を引き下げるので利益が増えます。しかし、翌年在庫が減れば利益は減るため長いスパンでは変わりません。）

　従って稼働率を管理し、稼働率が下がっている場合は

　①受注を増やして稼働率を上げる

　②受注が増やせなければ、人や設備を減らして稼働率を上げる

　この 2 つしかありません。②は最後の手段なので、①を全力で行わなければなりません。

第 **3** 章

設備の費用の疑問

1 設備のアワーレートは どうやって計算するのだろうか？

設備のアワーレート［以降、アワーレート（設備）］はどうやって計算するのでしょうか？

ポイント 32 設備のアワーレートはその年間費用と稼働時間から計算する

アワーレート（設備）は、アワーレート（人）と同様に設備の年間費用を設備の稼働時間で割って計算します。

$$アワーレート（設備）＝ \frac{設備の年間費用}{稼働時間} ＝ \frac{設備の年間費用}{操業時間 × 稼働率}$$

ここで**設備の年間費用**は以下の式で計算します。

設備の年間費用 ＝ 減価償却費 ＋ ランニングコスト

$$アワーレート（設備）＝ \frac{減価償却費 ＋ ランニングコスト}{年間操業時間 × 稼働率}$$

減価償却費は設備の購入費用の一部です。設備を購入してもその期に全額費用にできません。設備の購入費用は、耐用年数の間に分けて費用計上します。これが減価償却費です。この減価償却費は次節で詳しく説明します。

ランニングコストは、電気代、水道代など設備を運転するのに必要な費用です。アワーレート（設備）の計算では、ランニングコストの中で設備毎に差の大きいものだけを入れます（**図 3-1**）。

稼働時間はアワーレート（人）の時と同様に操業時間に稼働率をかけたものです。

A 社、マシニングセンタ：アワーレート（設備）の計算例

- 減価償却費 140 万円
- 電気代 184,000 円

• 年間操業時間 2,200 時間
• 稼働率 0.8

購入費用 — 減価償却費

ランニングコスト — 電気代 ガス代 保守費用 設備により差の大きいもの

図 3-1 ▶ 設備の年間費用の例

アワーレート（設備）

$$= \frac{減価償却費 + ランニングコスト}{年間操業時間 \times 稼働率} = \frac{(140 + 18.4) \times 10^4}{2{,}200 \times 0.8}$$

$= 900$ 円 / 時間

ポイント 33 ▶ 1 直より 3 直の方がアワーレートは低くなる

　人は 24 時間働けませんが、設備は 24 時間稼働できます。3 直 24 時間設備を稼働すれば、稼働時間が長くなるため、アワーレート（設備）は低くなります。例えば、A 社のマシニングセンタを 24 時間稼働させた場合
• 年間操業時間 6,000 時間
• 稼働率 0.8
• 電気代　50.2 万円（稼働時間が長くなるため、電気代も高くなります。電気代の計算は 3 節で述べます。）

アワーレート（設備）

$$= \frac{減価償却費 + ランニングコスト}{年間操業時間 \times 稼働率} = \frac{(140 + 50.2) \times 10^4}{6{,}000 \times 0.8}$$

$= 396 \fallingdotseq 400$ 円 / 時間

1直の900円／時間に対し、3直24時間では400円／時間と44％になりました。つまり設備の費用が高い場合、交代勤務にして設備を昼夜動かせば、アワーレートは下がり原価も低くなります。

ポイント 34 価格の高い設備は計算上の原価も高くなるが減価償却を考慮して使い分ける

A社には大型のマシニングセンタもありました。大型のマシニングセンタは価格が2倍、ランニングコストも2倍でした。

（A社は「マシニングセンタ」と「大型マシニングセンタ」の2つの現場とします。「マシニングセンタ」は小型から中型ですが、煩雑になるので「マシニングセンタ」のみとしています。）

- 大型マシニングセンタ
- 減価償却費 280万円
- 電気代 368,000円
- 年間操業時間 2,200時間
- 稼働率 0.8

アワーレート（設備）

$$= \frac{減価償却費 ＋ ランニングコスト}{年間操業時間 × 稼働率} = \frac{(280 ＋ 36.8) × 10^4}{2,200 × 0.8}$$

$$= 1,800 円／時間$$

マシニングセンタは900円／時間、大型マシニングセンタは1,800円／時間と、大型マシニングセンタはアワーレート（設備）が2倍になりました。大型マシニングセンタはアワーレート（設備）が高く原価も高くなります。従ってマシニングセンタは大は小を兼ねません。ただし、減価償却費はすでに支払った過去の費用です。減価償却費の高い設備を使用しても会社から新たに多くお金が出ていくわけではありません。もし大型のマシニングセンタが空いているなら、計算上の原価が高くても大型のマシニングセンタも動かして生産すべきです。

設備の大きさによってアワーレート（設備）を変えるかどうかは、製品によって設備を使い分けするかどうかで判断します。製品によって大型マシニングセンタとマシニングセンタを使い分けできれば、アワーレート（設備）を変えます（**図 3-2**）。使い分けができなければ、2 種類の設備の平均アワーレート（設備）を使用します。

マシニングセンタ　　　　　大型マシニングセンタ

年間費用		年間費用	
減価償却費	140 万円	減価償却費	280 万円
ランニングコスト	18.4 万円	ランニングコスト	36.8 万円

アワーレート（設備）900 円 / 時間　　　アワーレート（設備）1,800 円 / 時間

図 3-2 ▶ 設備の大きさによるアワーレートの違い

つまり
- アワーレート（設備）は、設備の年間費用とランニングコストを稼働時間で割って計算
- 設備を 24 時間稼働させれば稼働時間が長くなりアワーレートは低くなる
- アワーレート（設備）を分けるかどうかは、製品によって設備を使い分けできるかどうかで判断
- 減価償却費は過去の費用、減価償却費の高い設備を使っても新たにお金が出ていくわけではない

です。

では、減価償却とはどのような費用なのでしょうか？
次節で説明します。

2 設備を更新するとアワーレート（設備）はどう変わるのだろうか？

　アワーレート（設備）は設備の年間費用を稼働時間で割って計算します。設備の年間費用は減価償却費とランニングコストです。この減価償却費は耐用年数（法定耐用年数）を過ぎればゼロになります。

　減価償却費は税法に則って算出します。減価償却費の計算方法は、毎年一定額を償却する定額法と、毎年簿価に対し一定の比率で償却額を計算する定率法があります。定率法と定額法のどちらを採用するかは企業が選択します。法定耐用年数は設備の種類よって税法で決められています。**表3-1** に価格 2,100 万円、法定耐用年数 10 年のマシニングセンタの定率法と定額法の減価償却費を示します。

表 3-1 ▶ マシニングセンタの減価償却費

（単位：万円）

年数	定率法 （20%）	定額法 （10 年）	実際の償却費 （15 年）
1 年	420	210	140
2 年	336	210	140
3 年	269	210	140
4 年	215	210	140
5 年	172	210	140
6 年	138	210	140
10 年	138	210	140
11 年	0	0	140

　実際は法定耐用年数よりももっと長く使える設備もあります。例えばマシニングセンタの法定耐用年数は 10 年ですが、A 社では 15 年使います。この場合 11 年目から減価償却費はゼロになります。その分アワーレート（設備）は下がり見積を低くしても利益が出るようになります。では 11 年目から見積を低くしても大丈夫でしょうか。

設備を更新すれば、再び減価償却が発生

設備は永遠には使えません。いつか更新時期が来ます。そして更新すれば新たに減価償却費が発生します。今まで減価償却費がゼロのため価格を低くしていた場合、今度は値上げしなければ赤字になってしまいます。しかし設備を更新したという理由で値上げできるでしょうか？

このような問題が起きるので、税法の減価償却費ではなく、設備の購入費用を「実際の耐用年数」で割って償却費を計算します。これからアワーレート（設備）を計算すればアワーレート（設備）はずっと同じ値になります。これを本書では「**実際の償却費**」と呼ぶことにします。表 3-1 の右の列の実際の償却費は、マシニングセンタの購入費用 2,100 万円を実際の耐用年数 15 年で割った値です。これを**図 3-3** に示します。

$$実際の償却費 = \frac{設備の購入費用}{実際の耐用年数} = \frac{2,100}{15} = 140 \, 万円$$

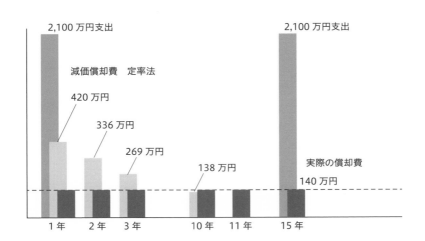

図 3-3 ▶ 税法の減価償却費と実際の償却費

実際の償却費（あるいは減価償却費）は費用ですが、実際のお金の支出はありません。お金は設備を購入した時に払っているからです。従って実際の償却費の分140万円ずつ毎年お金が増えます（キャッシュフローが140万円プラス）。毎年140万円設備の費用を回収し、15年で合計2,100万円、設備の購入費用全部が回収されます。

「実際の償却費」の扱いは税法との違いに注意する

そう考えると実際の償却費は、減価償却本来の目的に合った方法です。（大企業は実際の償却費が多いようです。）ただし税法の減価償却費と差が生じます。例えば表3-1のマシニングセンタの1年目の減価償却費（定率法）は420万円ですが、実際の償却費は140万円です。そのため420 − 140 ＝ 280万円決算書の費用が増えてその分利益が少なくなります。これが原因で赤字になるかもしれません（**図3-4** 参照）。ただし減価償却費は費用ですが、実際のお金の支出はないので、赤字になっても会社のお金が減ることはありません（キャッシュフローは変わりません）。

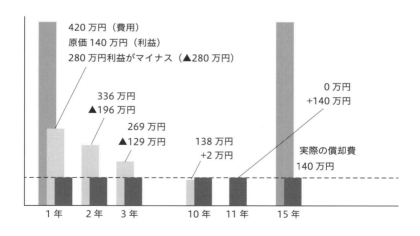

420万円（費用）
原価140万円（利益）
280万円利益がマイナス（▲280万円）

336万円
▲196万円

269万円
▲129万円

138万円
+2万円

0万円
+140万円

実際の償却費
140万円

1年　2年　3年　　10年　11年　　15年

図3-4 ▶ 利益がマイナスになる場合

つまり

- アワーレート（設備）の計算に減価償却費を使うと、減価償却費が少なくなるとアワーレート（設備）も低くなる
- ただし設備の更新まで考えればアワーレート（設備）を低くしない方がよい
- アワーレート（設備）の計算に実際の償却費を使用すればアワーレート（設備）は一定になる
- 実際の償却費より減価償却費が大きければその分決算書の利益は少なくなる。ただし利益は少なくなってもキャッシュフローは変わらない

です。

　この設備更新の問題は内部留保の蓄積の必要性や借入金の返済の問題に関係します。内部留保の問題は P.66 COLUMN ◆ 3 で説明します。借入金の返済は 9 章 3 節で説明します。

3 ランニングコストは どうやって計算するのだろうか？

　ランニングコストとは、設備を動かすことで発生する費用です。ランニングコストの中で金額が大きくなく、設備毎の差が小さいものは、4章1節で述べる間接製造費用として各現場に分配します。

　金額が大きく設備毎の差が大きいものは、設備毎に計算してアワーレート（設備）に入れます。1節では電気代のみ計算しました。では設備毎の電気代はどうやって計算するのでしょうか？

ポイント 37 電気代の計算方法を理解する

　例えば、1節でアワーレート（設備）を計算したマシニングセンタは以下の仕様でした。

- 3相200V
- 定格：12.45kVA

消費電力 P（kW）は以下の式で計算します。

$$P(\text{kW}) = \underbrace{V(\text{電圧}) \times I(\text{電流}) \times \sqrt{3}}_{\text{定格 (12.45kVA)}} \times 力率 \times 負荷率$$

ここで $V \times I \times \sqrt{3} =$ 定格（kVA）

- 力率：工作機械 0.6 ～ 0.95、3相モータ 0.8 ～ 0.85、ヒータ・白熱灯 1.0
- 負荷率：運転中のモータにかかる負荷の割合 0.5 ～ 0.9

- 力率：0.7　　・負荷率：0.6

とすると、

消費電力（P）は

P = 定格 × 力率 × 負荷率 = 12.45 × 0.7 × 0.6 = 5.229 kW

操業時間 2,200 時間、稼働率 0.8 より
稼働時間 = 操業時間 × 稼働率 = 2,200 × 0.8 = 1,760 時間
年間消費電力（kWh）= 消費電力 × 稼働時間 = 5.229 × 1,760 = 9,200 kWh
1kWh 当たりの電気代を 20 円 /kWh とすると
年間電気代 = 1kWh 当たり電気代 × 年間消費電力 = 20 × 9,200 = 184,000 円

　実際は設備の運転状況により消費電力は変わります。可能であれば設備に積算電力計（電力量計）を取り付けて、一定期間の消費電力を測定します。

 ポイント 38 稼働時間が長くなれば電気代は高くなる

　3 直 24 時間加工の場合、その分電気代も高くなります。

操業時間 6,000 時間、稼働率 0.8
稼働時間 = 操業時間 × 稼働率 = 6,000 × 0.8 = 4,800 時間
年間消費電力（kWh）= 消費電力 × 稼働時間 = 5.229 × 4,800 = 25,100 kWh
1kWh 当たりの電気代を 20 円 /kWh とすると
年間電気代 = 1kWh 当たり電気代 × 年間消費電力 = 20 × 25,100 = 502,000 円

• 1 直：2,200 時間 / 年、電気代 184,000 円
• 3 直：6,000 時間 / 年、電気代 502,000 円
　電気代は 2.7 倍になりました。

ポイント 39 金額の大きなランニングコストは個別に計算する

他にもランニングコストには様々な費用があります。その中で以下のようなものは金額が大きければ、個別に計算します。

- 動力費用　電気、ガス、水道など
- 消耗品費用　刃物、ワイヤーカット放電加工機のワイヤーなど消耗品
- その他　保守契約費用、高額な保険料など

4 常時生産に使用しない設備の費用は 原価に含まれるのだろうか？

　現場にはＡ社のマシニングセンタのように常時生産に使用される設備の他に、不良品の修正や検査のための設備もあります。これらの設備は必要な時だけ使用されます。そのため、製品1個につきどのくらい使用されたのかわかりません。このような設備を本書では「補助的な設備」と呼びます。では補助的な設備の費用は原価に影響するのでしょうか？

ポイント 40 　常時生産に使用しない設備の費用を原価に含めるかどうかは、更新するかどうかで判断する

　補助的な設備の費用を原価に含めるかどうかは、その設備を更新するかどうかで決まります。例えばグラインダーやボール盤のような設備は構造が単純で使用頻度も高くありません。突発的な故障がなければ何十年も使えます。このような設備の減価償却費は工場の空調機やクレーンの減価償却費と同様に工場全体の間接製造費用とします（**図 3-5**）。

ボール盤
60万円

グラインダー
10万円

図 3-5 ▶ 補助的な設備の例

ポイント 41 　定期的に更新が発生する設備はその現場の費用とする

一方、定期的に更新が発生する設備は、更新の都度償却費が発生します。定期的に更新が発生し価格も高い設備は、その現場の間接製造設備とします。その設備の実際の償却費を、直接製造費用に加えて、アワーレート（設備）を計算します。

　例えば、A社　マシニングセンタの現場で検査のために500万円のデジタルマイクロスコープを導入しました。デジタル機器は年数が経つと故障が増えるため耐用年数は10年としました。デジタルマイクロスコープはマシニングセンタの現場のみで使用するため、この設備の実際の償却費50万円/年はマシニングセンタの現場の間接製造費用とします（**図3-6**）。

アワーレート（設備）

$$= \frac{直接製造設備(実際の償却費＋ランニングコスト)の合計＋間接設備の費用(実際の償却費)}{直接製造設備の稼働時間合計}$$

アワーレート（設備）

$$= \frac{(140+18.4) \times 4 \times 10^4 + 50 \times 10^4}{2,200 \times 0.8 \times 4} = 971 ≒ 970 円 / 時間$$

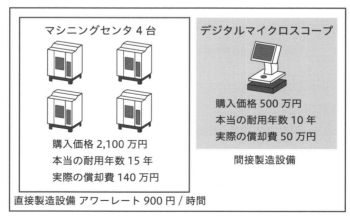

間接製造設備を含むアワーレート 970 円 / 時間

図3-6 ▶ 補助的な設備を追加した場合

- 直接製造設備（マシニングセンタ4台）のみ、アワーレート（設備）900円／時間
- デジタルマイクロスコープ（500万円）を追加、アワーレート（設備）970円／時間

  つまり70円／時間、増加しました。

設備は常に費用が発生することに注意する

　このように更新が必要な設備は、減価償却が終わっていても費用は発生し続けると考えます。たまにしか使わない補助的な設備でも費用は発生します。**図3-7**に示すようにデジタルマイクロスコープは10年で更新するため毎年50万円の費用が発生します。対してボール盤は更新を考えないため減価償却が終われば費用は発生しません。

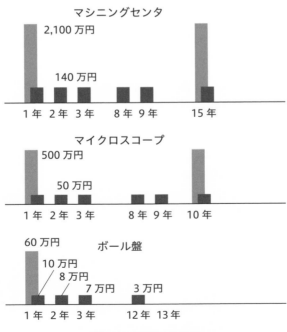

図3-7 ▶ 設備毎の償却

つまり
- 間接製造設備でも更新が必要な設備は毎年費用が発生
- 間接製造設備を増やしても生産量は増えないため、原価は高くなる
- すでにある減価償却が終わった設備も更新するのであれば同様に費用が発生する

です。

「設備（建物を含む）は常に費用が発生する」と考えれば、お金を稼がない設備の追加は慎重に行う必要があります。

では設備の大きさにより原価はどのくらい変わるのでしょうか？
これについては次節で説明します。

5 設備の大きさにより原価はどのように変わるのだろうか？

　1節では、マシニングセンタの大きさが変わればアワーレート（設備）も変わりました。大型の設備を使用すれば原価は高くなります。この設備の大きさによる原価は、顧客自身も設備の大きさ毎に資料（コストテーブル）を持っていることがあります。そしてこのコストテーブルに基づいて見積査定をします。その結果、自社の設備の大きさ毎の原価に対して、顧客のコストテーブルでは大きな設備の原価が高くなっていれば、大きな設備で生産した方が利益が増えます。では実際に設備の大きさによってどのくらい原価が変わるのでしょうか？

ポイント43　設備の大きさによる直接製造費用の違いを理解する

　樹脂成形加工 B 社は**表 3-2** に示す大きさの異なる 4 種類の設備（射出成形機）がありました。

表 3-2 ▶ 設備の大きさと費用

（単位　万円）

	50 トン	180 トン	280 トン	450 トン
購入金額	600	1,200	2,400	3,600
実際の償却費	40	80	160	240
ランニングコスト	30	50	112	114

　射出成形機は大きさを型締め力（トン数）で示します。トン数の大きな機械は型締め力が強く大きな製品を製造できます。B 社の射出成形機は大きさが 50 トンから 450 トンの 4 種類あり、設備が大きくなると価格も高くなります。（本書はアワーレートが区切りのよい数字になるように価格やランニングコストの値を調整しています。そのため実際の設備とは異なります。）ランニングコストは電気代のみとしました。

ポイント 44 設備の大きさ毎にアワーレートを計算する

アワーレート（設備）は、上記の直接製造費用に間接製造費用を加えて計算します。間接製造費用は設備の稼働時間に比例して分配しました。その結果、アワーレート（設備）は**図 3-8** のようになりました。

50 トン
価格 600 万円
電気代 30 万円

アワーレート（設備）
1,000 円 / 時間

180 トン
価格 1,200 万円
電気代 50 万円

アワーレート（設備）
1,100 円 / 時間

280 トン
価格 2,400 万円
電気代 112 万円

アワーレート（設備）
1,400 円 / 時間

450 トン
価格 3,600 万円
電気代 114 万円

アワーレート（設備）
1,550 円 / 時間

（操業時間 6,800 時間、稼働率 0.8、実際の耐用年数 15 年）

図 3-8 ▶ 設備の大きさとアワーレート（設備）

設備の価格は 450 トンは 50 トンの 6 倍もありますが、ランニングコストと間接製造費用を加えた結果、450 トンのアワーレート（設備）は、50 トンの 1.5 倍でした。

ポイント 45 ランニングコストと間接製造費用で原価は大きく異なる

この場合の B 社の B1 製品の原価と利益を**表 3-3** に示します。材料費が 30.9 円と大きいため、アワーレート（設備）の違いほど原価は大きくありませんでした。

B1 製品　受注価格 57 円　ロット 10,000 個

B 社　販管費レート 11.8%

（計算の詳細は下記参照）

64

　450 トンの製造費用は 50 トンの 1.5 倍ですが、材料費の比率が高いため、450 トンの製造原価は 50 トンの 1.2 倍でした。しかし元々利益が少ないため、50 トンでは利益が 3.4 円ありましたが、180 トンでは 1,6 円、280 トンと 450 トンでは赤字でした。

表 3-3 ▶ 設備の大きさ毎の B1 製品の原価

（単位：円）

	50 トン	180 トン	280 トン	450 トン
製造費用	17.00	18.68	23.70	26.22
製造原価	47.90	49.58	54.60	57.12
販管費込原価	53.6	55.4	61.0	63.9
利益	3.4	1.6	▲ 4.0	▲ 6.9

つまり

- 設備の価格、ランニンコストが異なるとアワーレート（設備）は変わる
- 間接製造費用の影響があるため、価格やランニングコストの違いよりは差が小さくなる
- 利益の低い製品ではアワーレート（設備）の違いで利益は大きく変わり赤字になることもある

です。

参考表：《計算の詳細》
a 段取時間　0.0001 時間（所要時間 1 時間、ロット 10,000 個）1 個の段取時間 = 1/10,000
b 加工時間　1 分 =0.01667 時間
c 材料費　30.9 円
e 販管費レート　0.118（11.8%）
g 受注金額　57 円

		50 トン	180 トン	280 トン	450 トン
h アワーレート（段取）	（円／時間）	3,300	3,400	3,600	3,800
i 段取費用（円）	h × a	0.33	0.34	0.36	0.38
j アワーレート（加工）	（円／時間）	1,000	1,100	1,400	1,550
k 加工費用（円）	j × b	16.67	18.34	23.34	25.84
l 製造費用（円）	i + k	17.00	18.68	23.70	26.22
m 製造原価（円）	c + l	47.90	49.58	54.60	57.12
n 販管費（円）	m × e	5.65	5.85	6.44	6.74
o 販管費込原価（円）	m + n	53.6	55.4	61.0	63.9
p 利益（円）	g − o	3.4	1.6	▲ 4.0	▲ 6.9

設備の更新に必要なお金

　本章 2 節で説明したように、減価償却費は現金の支出がない費用です。従って、その分だけ会社にはお金が残ります。**図 3-9** のように毎年減価償却費でプラスしたお金を貯めていけば、法定耐用年数が終わった時には設備の購入費用分のお金が貯まります。このお金を次回の設備の更新に使用します。

　もし設備更新の費用を借入した場合、減価償却費でプラスしたお金で借入金を返済します。そして設備を更新する際に新たにお金を借ります。これについては第 9 章 3 節で説明します。

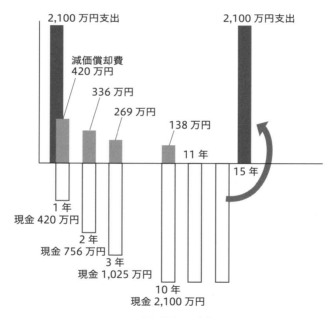

図 3-9 ▶ 減価償却と内部留保

　注意しなければならないのは、減価償却費が減少すると「受注金額が低くても利益が出る」ことです。顧客からの価格引き下げ要求が厳しい場合、まだ利益が出るので値下げも可能に見えます。しかしその時点で、次の設備の更新に

必要な内部留保がなければ、次の設備の更新で資金不足になります。

例えば**図 3-10** では設備が 4 台あり、全て減価償却が完了しています。

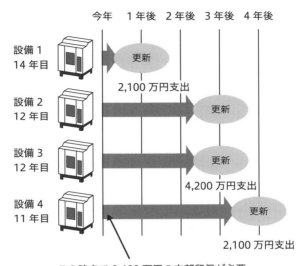

図 3-10 ▶ 設備の更新と必要な内部留保

しかし 1 年後には設備 1 が 15 年目、3 年後には設備 2 と 3 が 15 年目、4 年後には設備 4 が 15 年目となり更新時期を迎えます。自己資金で設備を更新するのであれば、今年の時点で 8,400 万円の内部留保が蓄積されているはずです。(借入の場合、今後返済できるだけの利益が現時点で出ているはずです。)

昨今、中小企業（製造業）の廃業の大きな原因に、老朽化した設備の更新の問題があります。その要因として厳しい値下げ要請に対応している間に毎期の利益が減少して設備の更新に必要な内部留保が蓄積できなくなっていることが挙げられます。これを防ぐには中期経営計画で設備の更新時期と必要な資金を計画し、計画的に内部留保を積み上げます。

こう考えると、当面の利益を元に直感的に見積をつくるのは、とても危険なことがわかります。

第 **4** 章

間接製造費用と
販管費の疑問

1 間接製造費用とは どのような費用だろうか？

間接製造費用とは工場で発生する費用（決算書の製造原価）のうち、材料費、外注費、人の直接製造費用、設備の直接製造費用以外の費用で、主に間接部門の労務費と工場の製造経費です。これらの費用も常に工場で発生するため、何らかの方法で個別原価に入れます。

ポイント 46 間接製造費用は間接部門の人件費と製造経費

図 **4-1** に決算書の製造原価の労務費と製造経費を、直接製造費用と間接製造費用に分けて示します。労務費の間接製造費用は、直接作業者以外の費用、つまり間接部門や現場の管理者の費用です。

製造経費のうち、減価償却費と電気代の一部（設備のアワーレートで計算した金額）は直接製造費用です。それ以外の費用は間接製造費用です。例えば共用部分の設備の減価償却費、電気代、水道代や消耗品、修理費、土地や建物の賃料や税金などです。

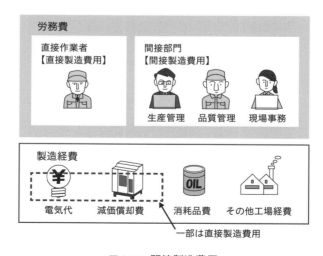

図 4-1 ▶ 間接製造費用

ポイント 47 間接製造費用は各現場に分配する

　この間接製造費用は各現場に分配します。そして直接製造費用に加えて各現場のアワーレートを計算します。間接製造費用の分配基準には以下のようなものがあります。

①直接材料費基準　直接材料費の金額に比例して分配

②直接労務費基準　直接労務費の金額に比例して分配

③直接製造費用基準　直接製造費用の金額に比例して分配

④人の直接製造時間基準　人の直接製造時間に比例して分配

⑤設備の直接製造時間基準　設備の直接製造時間に比例して分配

⑥生産量基準　生産量に比例して分配

⑦売上高（生産高）基準　売上高に比例して分配

　実際は③直接製造費用、④人の直接製造時間、⑤設備の直接製造時間のいずれかで分配することが多いようです。

　もっと細かく製造指示書枚数や発注回数などの多くの分配の基準を使用する活動基準原価計算（Activity Based Costing：ABC）のような方法もありますが、個々の製品の工程毎の製造時間を把握するだけでも大変なのに、製造指示書枚数や発注回数まで見積の際に調べるのはとても大変なため、中小企業にとって現実的ではありません。

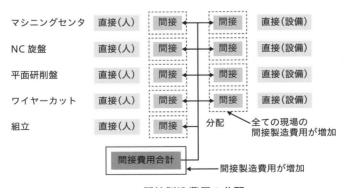

図4-2 ▶ 間接製造費用の分配

図 4-2 に示すように上記のいずれかのルールに従って各現場に分配します。間接製造費用が増えれば、各現場に分配される費用が増加し、全ての現場のアワーレートが増加します。

　「④人の直接製造時間で分配」した場合、A 社マシニングセンタの現場の 1 人当たりの直接製造費用と間接製造費用は**図 4-3** のようになりました。

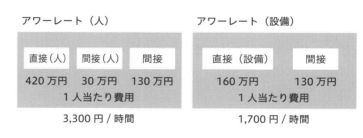

図4-3 ▶ マシニングセンタのアワーレートの例

　マシニングセンタの現場の 1 人当たりの費用は、直接作業者の費用が平均 420 万円、間接作業者（パート社員）の費用を直接作業者 4 人に分配すると約 30 万円、間接製造費用の分配が 130 万円です。就業時間 2,200 時間、稼働率 0.8 とすると、人の費用（直接作業者と間接作業者）のみの場合のアワーレート（人）は 2,540 円 / 時間、間接製造費用を加えるとアワーレート（人）は 3,300 円 / 時間です。

　設備の直接製造費用は設備 1 台当たり平均 160 万円、直接製造費用のみの場合、アワーレート（設備）は 900 円 / 時間、間接製造費用を加えるとアワーレート（設備）は 1,700 円 / 時間と大きく増加します。

2 販管費とはどのような
費用なのだろうか？

　工場で発生する費用のうち、直接製造に関係する費用は製造原価、直接
製造に関係しない費用は販管費に計上されます。

販管費も製造に必要な費用

　直接製造に関係しない費用とは、営業の人件費や旅費など営業活動にか
かった費用（販売費）と経理、人事、勤怠管理など製造活動以外にかかる
費用（一般管理費）です。しかし一般管理費とされる管理部門、経理、人
事、総務などの業務の多くは工場の人員や工場で発生する費用に関する業
務です。そしてこれらの活動がなくては工場は運営できません。そのため
一般管理費も製造には不可欠な費用なのです。

　また人件費や車両費、運賃などは製造に係わる場合（製造原価）とそう
でない場合（販管費）があります。しかし中小企業の場合、経理や会計事
務所により区分が変わり、製品を輸送する運賃、原料の輸入、製品の輸出
に係る費用、工場で依頼する人材派遣費用などを販管費に入れていること
もあります（**図4-4**）。

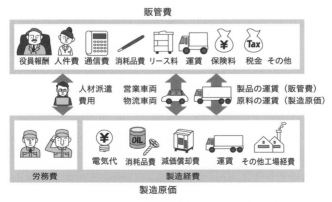

図4-4 ▶ （一般的な）販管費の内訳と製造原価の対比

近年は管理業務が増加し、多くの中小企業で販管費は売上高の 10 ～ 30% にもなっています。平成 21 年度発行「中小企業実態調査に基づく経営・原価指標」によれば、製造業、卸売業、小売業の販管費は**表 4-1** のようになっています。

表 4-1 ▶ 中小企業の販管費と利益率

(単位：%)

	製造業平均	卸売業平均	小売業平均
販管費	18.1	14.2	29.7
利益率	3.3	1.4	0.4

(出典：平成21年度発行「中小企業実態調査に基づく経営・原価指標」)

　このように販管費も製造に不可欠な費用のため、見積金額に販管費を含めます。

　見積金額 ＝ 製造原価 ＋ 販管費 ＋ 利益

49 決算書から販管費の比率を計算する

　製品 1 個の販管費はどうやって計算すればよいでしょうか？

　製品 1 個製造するのに販管費がどのくらい発生するのかは、実際にはわかりません。最も簡単な方法は、先期の決算書から製造原価と販管費の比率（**販管費レート**）を計算し、個々の製品の**販管費**は製造原価に販管費レートをかけて計算する方法です。

　販管費 ＝ 製造原価 × 販管費レート

　$$販管費レート ＝ \frac{決算書の販管費}{決算書の製造原価}$$

（A 社の場合）

　製造原価　5 億 6 千万円、販管費　1 億円　なので

$$販管費レート = \frac{10,000}{56,000} = 0.179 = 18\%$$

これは売上高に対しては

$$売上高販管費比率 = \frac{10,000}{70,000} = 0.143 = 14\%$$

ポイント 50 材料費にも販管費は発生する

販管費レートは製造原価と販管費から計算します。そのため、製造費用以外に材料費や外注費にも販管費が発生します。しかし顧客の見積査定が「材料費に販管費は入れない」となっている場合もあります。しかし表 4-1 で示したように卸売業でも販管費は売上の 14.2% です。つまり仕入れて売るだけでも費用は発生しているのです。そして A 社は先期は製造原価に対し 18% の販管費が発生したのも事実です。「材料費に販管費は入れない」のであれば、他の製造費用に対する販管費を増やさなければ赤字になってしまいます。これについては P.90 COLUMN ◆ 4 で説明します。

ポイント 51 大企業の場合は本社費にも注意する

大企業の場合、販管費が「工場の販管費」の場合があります。製品をグループ内の他の工場へ販売する場合はそれでよいのですが、社外へ販売する場合は、図 4-5 に示すように本社費用負担分も発生します。しかし工場によっては本社費用負担分まで意識していません。しかし発注先の見積を評価する時は、その見積金額は、自社で言えば本社費用負担分も含んだ価格です。

一方、見積金額を決める際には販管費の他に利益も必要です。この利益の計算は次節で説明します。

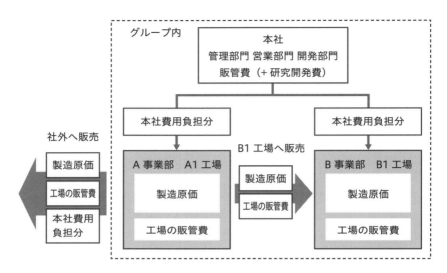

図 4-5 ▶ 工場原価と本社費

3 見積はいくらにすれば よいのだろうか？

製造原価、販管費を計算した後、見積はいくらにすればよいでしょうか？

見積金額の決定は各社独自の方法があるので、これが正しいというのはありません。ひとつの方法として今期の利益目標から決定する方法があります。

ポイント 52 目標利益を売上高営業利益率から決める

今期の事業計画の中に、今期の目標売上高と目標営業利益はあると思います。この目標売上高と目標営業利益から、売上高営業利益率を以下の式で計算します。見積金額は販管費込原価（製造原価＋販管費）から計算するため、この**売上高営業利益率**から販管費込原価に対する利益率（**販管費込原価利益率**）を計算します。

$$売上高営業利益率 = \frac{営業利益}{売上高}$$

$$販管費込原価利益率 = \frac{売上高営業利益率}{1 - 売上高営業利益率}$$

例えば A 社の場合
先期売上高　7 億円
先期営業利益　4 千万円
先期売上高営業利益率　5.7%

今期の目標値は
売上高　7 億 5 千円
営業利益　4,500 万円
売上高営業利益率　6%

実際は受注時に値引き要請があれば見積はその分高くします。**図 4-6** では売上高営業利益率 8% としました。

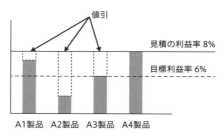

図 4-6 ▶ 目標利益率

売上高利益率が 8% の場合の販管費込原価利益率は

$$販管費込原価利益率 = \frac{0.08}{1 - 0.08} = 0.087 = 8.7\%$$

8.7% です。

ポイント 53 ▶ 値引きは利益を大幅に減らす

図 4-7 の A1 製品は販管費込原価 1,000 円でした。販管費込原価利益率 8.7% から目標利益は 90 円、見積金額は 1,090 円でした。しかし顧客から値引き要請があり 1,040 円で受注しました。

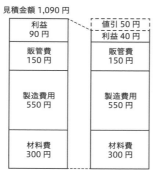

図 4-7 ▶ 利益に対する値引きの影響

1,040 円の受注価格は見積に対してマイナス 4.6% です。しかし受注金額 1,040 円のうち 1,000 円は出ていくお金です。残るお金は 40 円しかありません。つまり利益で考えると 50 円の値引きは 55.6% もの利益がマイナスします。

値引きは利益を大幅に減らします。本当は 1,090 円の製品を売るのでなく「90 円の利益の取引」なのです。そう考えれば、10 円 20 円の値引きが利益にとても大きな影響があることがわかります。

ポイント 54 ▶ 利益の中身は将来の費用

実は利益とは企業の将来のための「費用」なのです。利益の中身を**図 4-8** に示します。

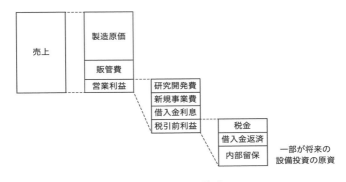

図 4-8 ▶ 利益の使途

営業利益から研究開発費や新規事業費、借入金の利息を支払った残りが税引前利益です。（実際は研究開発費や新規事業費は販管費に計上されます。）利益が出なければ研究開発や新規事業はできません。特に新規事業は失敗する可能性もあるため、よりリスクの高い費用です。

残った税引前利益から、税金と借入金の返済をした残りが内部留保になります。この内部留保は自己資本の増強になり、その一部が P.66 COLUMN ◆ 3 で説明した将来の設備投資の原資になります。

つまり企業が存続するため将来へ投資するには、利益が不可欠なのです。

4 間接製造費用の増加は原価にどのように影響するだろうか？

A社のマシニングセンタの現場のアワーレート（人）は人の費用（直接作業者と間接作業者）のみであれば2,540円/時間でした。しかし間接製造費用を含めると3,300円/時間と約1.4倍になりました。

では間接部門が増員し、間接部門の費用が増加すると、アワーレートはどれぐらい変わるでしょうか？

ポイント 55 間接部門の増員は全体のアワーレートを引き上げる

A社の間接部門　生産管理部、品質管理部は合計6名、年間労務費の合計は2,080万円でした。生産管理業務が多忙なため2名増員し、生産管理部門の年間労務費は790万円増加しました。

その結果、マシニングセンタのアワーレート（人）は**図4-9**に示すようになりました。

 生産管理2人増員
790万円増加

マシニングセンタの現場のアワーレート

アワーレート（人）			アワーレート（設備）	
直接（人）	間接（人）	間接	直接（設備）	間接
420万円	30万円	130→150万円	160万円	130→150万円

3,300→3,380円/時間　　　1,700→1,780円/時間

図4-9 ▶ 間接部門増員によるマシニングセンタのアワーレートへの影響

アワーレート（人）、アワーレート（設備）とも80円/時間、増加しました。

その結果、A1製品の原価は、製造費用が550円から570円と20円増

加しました。

 56 **製造経費の増加も全体のアワーレートを引き上げる**

　人以外の製造経費の増加も同様に原価を上昇させます。例えば A 社は
完成品の保管場所を拡大するため、新たに倉庫を増築しました。倉庫の建
設費用は 1 億円、耐用年数は 27 年（鉄骨の場合の法定耐用年数）、減価償
却費は 380 万円でした。（建物の減価償却は、税法では定額法のみです。）

　アワーレートの増加を**図 4-10** に示します。

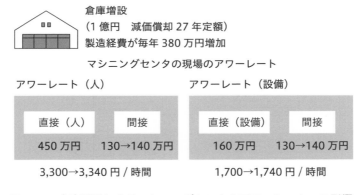

図 4-10 ▶ 倉庫増設によるマシニングセンタのアワーレートへの影響

　アワーレート（人）、アワーレート（設備）とも 40 円 / 時間増加しまし
た。

　その結果、A1 製品の原価は、製造費用が 550 円から 560 円と 10 円増
加しました。

　間接製造設備が増加すれば、その設備の減価償却費の分だけ間接製造費
用が増加します。

5 消耗品の費用は どう考えるのだろうか？

　3章でアワーレート（設備）を計算する際、ランニングコストは電気代などの中で設備毎の差が大きいもののみを計算に入れました。

　ランニングコストには他にも消耗品などがあります。これらは本来は材料費で、材料には**表4-2**の4種類があります。

表4-2 ▶ 材料の種類

主要材料費	原材料	
購入品費	外部購入品、外部加工品	
補助材料・ 消耗品費	グリス、ウェス、クーラントなど	
消耗工具費	バイト、ドリル、砥石など	

　このうち主要材料費、購入品費は材料費に計上されますが、補助材料・消耗品費、消耗工具費は、製造経費として計上されます。この補助材料・消耗品費、消耗工具費のうち、特定の製品や特定の設備で大きな金額を消費すれば、その現場のアワーレート（設備）の計算に入れます。

　例えば、
- 工作機械の刃物代、クーラントなど
- ワイヤーカット放電加工機のワイヤー代

などです。

57 特定の製品で消耗が激しい場合は製品原価に入れる

　消耗品の中には、特定の製品の加工で非常に消耗が激しいものがありま

す。例えば、切削加工は、特定の刃物の消耗が激しいことがあります。特殊な形状を加工するために専用の刃物を製作したため、加工条件が厳しくて通常の刃物より何倍も早く摩耗する場合です。この場合、製品 1 個あたりの刃物代を計算して、製品の見積金額に入れます。

例えば切削加工・組立 A 社 A1 製品で、加工中刃物 H の消耗が非常に激しいことがわかりました。

消耗が激しいため、刃物 H は 1 本で 25 個の製品しか加工できません（**図4-11**）。この場合、製品 1 個の刃物代は

刃物の価格　5,000 円
加工数量　25 個

$$製品 1 個の刃物代 = \frac{刃物の価格}{加工数量} = \frac{5,000}{25} = 200 円$$

1 本で 25 個しか
加工できない

刃物代 5,000 円　　　製品 1 個あたり 200 円
年間生産量　5,000 個
年間刃物代　100 万円

図 4-11 ▶ 刃物代 1 個あたりの生産量を決める情報

刃物 H の年間金額
A1 製品：年間生産数　5,000 個

刃物 H の年間金額 = 製品 1 個の刃物代 × 年間生産数
= 200 × 5,000 = 1,000,000 円

刃物 H の費用を A1 製品の原価に入れる場合は、製造経費から刃物 H の年間費用 100 万円をマイナスします。

A 社の製造経費 6,000 万円

刃物代を引いた製造経費 ＝ 製造経費 − 年間刃物代

$$= 6,000 - 100 = 5,900 万円$$

製造経費は 5,900 万円になりました。

間接製造費用（製造経費）が 100 万円マイナスしたため、アワーレート（人）、アワーレート（設備）を再計算した結果、10 円低くなりました。

• マシニングセンタ

アワーレート（設備）　1,700 円／時間　→　1,690 円／時間

アワーレート（人）　3,300 円／時間　→　3,290 円／時間

アワーレートが 10 円マイナスしたため、A1 製品の製造費用は

刃物代を分けない場合：550 円

刃物代を分けた場合　：548 円

2 円マイナスしました。

　一方、刃物代を分けた結果、製品 1 個の刃物代として 200 円増加します。また製造原価が 198 円増加したため、これに伴って販管費も（製造原価に対し比例計算するため）40 円増加しました。

　その結果、A1 製品の原価と利益は**表 4-3** のようになります。

表 4-3 ▶ 刃物代を分けた場合の A1 製品の利益

（単位：円）

	材料費	製造費用	刃物代	販管費	販管費込原価	利益
刃物代を分けない	300	550		150	1,000	80
刃物代を分ける	300	548	200	190	1,238	▲ 158

　刃物代を含めない状態では 80 円の利益があると思った A1 製品は、刃物代を含めると実は 158 円の赤字でした。

58 製品原価に入れる消耗品は消費量と金額から判断する

　このように特定の消耗品の金額が高く消費量も多い場合は、その費用を製品の原価に含める必要があります。そうしないと A1 製品の例のように見積が低すぎてしまいます。

　ただし細かく見れば、消耗品の消費量は製品毎に違います。かといってすべての製品の原価に消耗品の費用まで組み込むのは現実的ではありません。そこで消費量と金額を調べて、原価への影響の大きいもののみ原価に組み込みます。

6 製品によって運賃が大きく違う場合、どうしたらよいだろうか？

　製品を顧客に納入するための運賃は、販管費の荷造運賃に計上されます。運賃でも「製造に必要な材料の仕入れ」や「材料の工場への移動」にかかる物流費は「製造にかかる配送料」として製造原価に計上されます。ただし自社のトラックを使い自社の社員が運ぶ場合は、運賃は間接製造費用に含まれます。

　人件費の上昇や燃料費の高騰で運賃が高くなっても、見積に運賃が明記されていなければ値上げ交渉が難しくなります。この問題は経済産業省「下請適正取引等の推進のためのガイドライン」[注1] にも記載されています。

　また製品によっては様々な場所に納入しなければならず、その都度運賃が異なります。しかし運賃を含め一定の比率で販管費を計算すると、運賃が多くかかっている製品は相対的に見積が安く、運賃が少ない製品は相対的に見積が高くなってしまいます。

ポイント 59 運賃は見積に別途記載する

　運賃が上昇しても値上げ交渉が容易になるように、見積書に運賃は別途記載します。運賃はチャーター便か混載便か、あるいはトラックの大きさによって変わります。あまり細かくすると大変なので、標準的な運賃を計算します。**図 4-12** に 4 トントラックをチャーターした場合の運賃の計算例を示します。

（例：A 社、A1 製品）

　製品が比較的大きいため、1 車 1,000 個しか積載できないため運賃は 1 個 50 円でした。

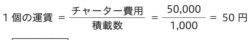

$$1 \text{ 個の運賃} = \frac{\text{チャーター費用}}{\text{積載数}} = \frac{50,000}{1,000} = 50 \text{ 円}$$

4 トン　1 車　10 パレット積載　　1 パレット　　100 個
チャーター代　5 万円 (150km)　　　　　　　　　10 パレット　1,000 個

運賃　1 個　50 円

図 4-12 ▶ 運賃の計算例

60 **運賃を別途計算した場合は、販管費から運賃を除外する**

　運賃を製品毎に個別に計算し見積に入れる場合、販管費に運賃が含まれているためそのままだと販管費が高すぎてしまいます。そこで販管費から運賃を除外します。

（例：A 社）
販管費　10,000 万円
部品の輸送費の年間合計　1,000 万円
運賃を除外した販管費　9,000 万円

```
2 販売費及び一般管理費
    役員報酬          20,000,000
    給与手当          17,000,000
    福利厚生費           300,000
    荷造運賃          11,400,000  部品の輸送費1,000万円を除外
                中略
    消耗品費           1,800,000
    減価償却費         1,820,000  販管費  90,000,000
    リース料           4,900,000
    雑費              2,730,000  100,000,000
      営業利益                   40,000,000
```

　販管費 9,000 万円から販管費レートを計算すると

販管費レート　16%

運賃を除外する前の販管費レートは 18% だったので、運賃 1,000 万円を除外したことで販管費レートは 2% 低下しました。運賃を別計算した場合としない場合の比較を**表 4-4** に示します。

表 4-4 ▶ 運賃を別計算した場合としない場合の比較

（単位：円）

	製造原価	販管費	運賃	販管費込原価
運賃を別計算しない	850	150	0	1,000
運賃を別計算	850	135	50	1,035

販管費レートが 2% 減少した結果、販管費は 15 円低下しました。しかし運賃が 50 円あるため販管費込み原価は 1,035 円と 35 円上昇しました。

ポイント 61　運賃が大きく違う製品は製品毎に運賃を計算する

トラックのチャーター費用が、30km 以内が 3 万円に対し、200km になると 6 万円と 2 倍でした。また 1 台に積載できる部品の数によっても変わります。1 台に積載できる部品数が少なく、納品場所が遠くなれば、運賃が大きく変わるため顧客に請求しなければなりません。

H 工場（A 社から 30km）と K 工場（A 社から 200km）へ納める大型の A1 製品と小型の A2 製品の距離による運賃を**図 4-13** で比較しました。

大型の A1 製品では運賃は 30km で 30 円、200km で 60 円と 2 倍になりました。

小型の A2 製品では 30km で 0.6 円、200km で 1.2 円と 2 倍になりましたが、その違いは大きくありませんでした（**図 4-14**）。

$$1 \text{ 個の運賃} = \frac{\text{チャーター費用}}{\text{積載数}} = \frac{30,000}{1,000} = 30 \text{ 円} \quad (30\text{km})$$

$$1 \text{ 個の運賃} = \frac{\text{チャーター費用}}{\text{積載数}} = \frac{60,000}{1,000} = 60 \text{ 円} \quad (200\text{km})$$

図 4-13 ▶ 距離による運賃の違い 1

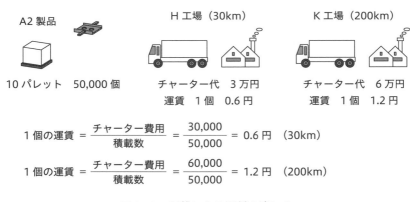

$$1 \text{ 個の運賃} = \frac{\text{チャーター費用}}{\text{積載数}} = \frac{30,000}{50,000} = 0.6 \text{ 円} \quad (30\text{km})$$

$$1 \text{ 個の運賃} = \frac{\text{チャーター費用}}{\text{積載数}} = \frac{60,000}{50,000} = 1.2 \text{ 円} \quad (200\text{km})$$

図 4-14 ▶ 距離による運賃の違い 2

注1 「下請適正取引等の推進のためのガイドライン」中小企業庁ホームページ
　　 下請事業者と親事業者との間で、適正な下請取引が行われるように国が策定したガイドラインで、下請代金法等で問題となり得る取引事例等が具体的に記載されています。2017 年 3 月末時点で、素形材、自動車、産業機械・航空機等など、幅広い 20 業種で策定されています。

販管費、利益に対する顧客との認識の違い

　発注側との価格交渉でネックとなるのが、顧客と自社の販管費と利益に対する認識の違いです。これまで述べてきたように、中小企業は売上に対する販管費の比率は高く、将来の設備投資のためにも、ある程度の利益が必要です。

　しかし顧客の見積査定の基準が「販管費5%」「利益2%」など中小企業の実態と合っていないことがあります。その基準で見積したのでは経営が成り立たないので、**図4-15**のように販管費と利益を顧客の要求に合わせ、それでも必要な価格になるように製造原価を水増ししています。そうなると部品メーカーは製造プロセスの詳細を顧客に開示できません。その原因として、顧客が単価査定する際、自社工場で製造した製造原価を基準とし、本社費用負担分を入れていない、あるいは工場の間接費用も入れていないことがあります。

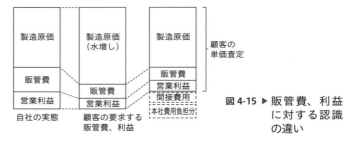

図4-15 ▶ 販管費、利益に対する認識の違い

　製造原価を下げて製品の競争力を高めるためには、部品メーカーとメーカーが協力し、部品の仕様の見直しと製造工程の改善を並行して進める必要があります。しかし製造原価を水増ししていれば、踏み込んだ議論ができません。

　トヨタ自動車は2017年から部品の過剰品質やそれに伴う生産面の負担を是正するため、仕入れ先への支援を強化しています。サプライチェーン間の取引で生じる過剰品質の要求が部品のコスト削減を妨げ、生産面で負担になっていることを問題視したためです。メーカー自身の競争力を高めるためにも、必要な販管費や利益は理解した上で製造プロセスを改善する、という真のコスト削減に発注側と受注側が協力できるようになることを願っています。

第 **5** 章

材料費、外注費に関する疑問

1 材料価格が変動した場合、原価はどう変わるのだろうか？

　原価を決める「ものさし」すなわちアワーレートは、一定期間（1年間）固定すると1章で述べました。しかし、購入時期で価格が変動する材料もあります。例えば鋼材は相場により変動します。原料が農産物などの場合も価格は大きく変動します。**図5-1**に鋼材の価格の変動の例を示します。1月に比べ12月は2.2%増加しました。

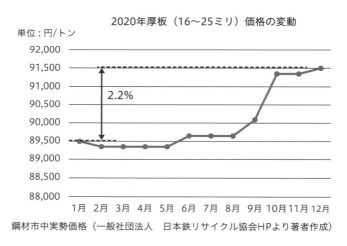

2020年厚板（16〜25ミリ）価格の変動

単位：円/トン

鋼材市中実勢価格（一般社団法人　日本鉄リサイクル協会HPより著者作成）

図5-1 ▶ 鋼材価格の変動例

 ポイント 62 材料価格の計算は自社に合った方法を決める

　材料の価格が変動すると、新たに購入した材料と在庫の価格が異なります。この時、材料単価の計算方法には以下の方法があります。

◆ 先入先出法

　図5-2のように在庫から先に使用し、使用する材料の単価をそれぞれ

計算します。11 月 5 日に使用する 200 kg の単価は 310 円 / kg です。

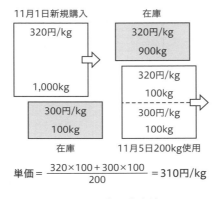

$$単価 = \frac{320 \times 100 + 300 \times 100}{200} = 310 円/kg$$

図 5-2 ▶ 先入先出法

◆ 移動平均法

　図 5-3 のように材料が入る都度、移動平均を計算する方法です。11 月 1 日に材料が入ったため移動平均単価は 318 円になり、11 月 5 日に使用する 200 kg の単価は 318 円 / kg です。

　あるいは一定期間（例えば 1 か月）の平均単価を計算する総平均法もあります。

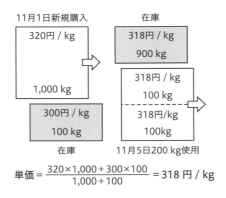

$$単価 = \frac{320 \times 1,000 + 300 \times 100}{1,000 + 100} = 318 円/kg$$

図 5-3 ▶ 移動平均法

財務会計にはこのような方法があります。しかし先入先出法は「使用時点での在庫量」、移動平均法は「購入時の在庫量」、総平均法は「月末の在庫量」がわかっている必要があります。しかし中小企業は棚卸が年に1回という会社も多く、普段は正確な在庫量がわかりません。その場合、新しく材料を購入した時点で、全ての材料を最新の単価にする「最終仕入価格法」があります。

◆ 最新の価格を使用（最終仕入価格法）

　図 5-4 では1,000kg購入した時点で単価は320円/kgになります。11月5日に使用する200kgの単価は320円/kgです。

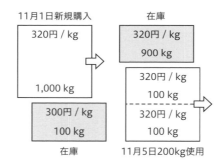

11月1日新規購入　　　　　在庫

320円 / kg

1,000 kg

300円 / kg
100 kg

在庫

320円 / kg
900 kg

320円 / kg
100 kg

320円 / kg
100 kg

11月5日200kg使用

単価を全て320円 / kgにする

図 5-4 ▶ 最新の価格を使用

　例えば、ある製品でこの材料を1kg使用した時、材料単価は

先入先出法　　310円
移動平均法　　318円
最新の価格　　320円

と先入先出法と最新の価格で材料費が10円異なります。

　どこまで細かく計算するかは、自社の製品の原価に占める材料費の比率から判断します。プレス加工や樹脂成形加工、あるいは組立製品のように

原価に占める材料費の比率の高い製品は、材料費の変動も反映して見積金額を決めます。一方材料費の比率の低い製品は簡便な方法で材料費を決めて構いません。

　また月次決算、四半期決算を行っている場合は、現場管理のための原価は簡便な方法で計算しても、財務会計の原価は実際の価格を反映させて材料費を修正する必要があります。

ポイント 63　見積は材料価格の変動も考慮する

　将来材料価格が上昇する見込みがあれば、その分を見積に含めておく必要があります。例えば、3 か月後に鋼材価格が上昇すると予測され、実際に 2% 上昇した場合、

　現在、300 円 / kg

　3 か月後、306 円 / kg

6 円上昇します。その分の値上げができなければ、利益が 6 円 / kg 分マイナスします。あるいはそれだけ価格変動があっても利益が得られるように最初から見積を高めにします。

　逆に部品メーカーから安く購入するには、材料価格の上昇を認めることです。材料価格の変動は相場から容易に調べられるので、材料価格の変動は査定しやすい項目です。そして材料価格が下がればその分値引きしてもらいます。

　実際に材料価格の上昇を全て受け入れている会社もありました。一見「やさしい会社」に見えますが、むしろそうすることで余分なマージンのない価格を部品メーカーから引き出しているのです。

2 スクラップ価格はどうやって原価に組み込むのだろうか？

　金属はリサイクルが容易なためスクラップ（端材、切粉）は業者が買い取ってくれます。プレスの端材はスクラップとして良質で、材料の購入価格が 120 円 /kg（冷間圧延鋼板）に対し、スクラップの買取価格は 20 〜 50 円 /kg です。こういった場合スクラップ費用も材料費に影響します。スクラップ価格は原価にどのように反映するのでしょうか。

ポイント 64　スクラップ費用をマイナスの材料費とする

　スクラップの買取価格分をマイナスの材料費として計算します。

材料費 ＝ 材料単価 × 使用量 − スクラップ価格 × スクラップ量

スクラップ量 ＝ 材料重量 ×（1 − 材料歩留）＝ 0.1 ×（1 − 0.72）＝ 0.03 kg

あるプレス加工品の材料費の例を **図 5-5** に示します。

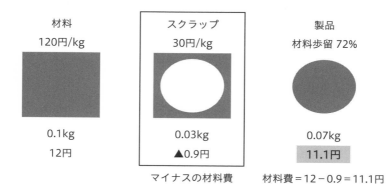

図 5-5 ▶ あるプレス加工品の材料費

　材料費は使用量 0.1kg より 12 円、スクラップの金額は 0.03kg / 円× 30

円/kg から 0.9 円、スクラップ費用を考慮した材料費は 11.1 円でした。

　スクラップ費用を考慮することで、材料費は 11.1 円、0.9 円（7.5%）下がりました。プレス加工のように材料費の比率が高く、スクラップ価格が高価な場合は、スクラップ価格を入れないと原価が大きく変わってしまいます。

スクラップの価格変動にも注意する

　材料価格と同様にスクラップの買取価格も市況により変動します。**図5-6** に 2020 年の鋼スクラップ価格の変動を示します。前節の鋼材価格の変動と比較すると、鋼スクラップ価格が鋼材価格の変動に追随しているのがわかります。ただし鋼材価格の変動は年間 2.2% でしたが、スクラップ価格の変動は約 2 倍でした。このスクラップ価格の変動は原価にどう影響するのでしょうか？

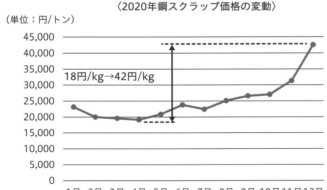

〈2020年鋼スクラップ価格の変動〉

（単位：円/トン）

18円/kg→42円/kg

鋼スクラップ価格
（関東・中部・関西三地区平均 一般社団法人日本鉄リサイクル協会HPより著者作成）

図 5-6 ▶ スクラップの買取価格の変動例

　スクラップ価格が 1/2 の 15 円/kg になった場合の材料費は

スクラップ費用 = スクラップ価格 × スクラップ量 = 15 × 0.03 = 0.45 円

材料費 = 材料価格 − スクラップ価格 = 12 − 0.45 = 11.6 円

と 11.1 円から 11.6 円と 0.5 円上昇しました。プレス部品の利益は多くないため 0.5 円の上昇は利益に大きな影響があります。

 ## スクラップ代の計上にも注意する

中小企業は、**表 5-1** に示すようにスクラップ買取の売上を製造原価でなく、雑収入（営業外費用）で計上することがあります。表 5-1 の雑収入 2,250 万円がスクラップ収入です。

表 5-1 ▶ プレス加工会社の決算書の例

（単位：円）

Ⅰ 営 業 利 益		
売 上 高		600,000,000
Ⅱ 営 業 費 用		
1 売上原価		
製造原価	530,000,000	← スクラップ代は製造原価 マイナスの材料費
売上総利益		70,000,000
2 販売費及び一般管理費		65,000,000
営業利益		5,000,000 → 真の営業利益 27,500,000
Ⅲ 営 業 外 収 益		
受取利息	500,000	
雑収入	22,500,000	23,000,000
Ⅳ 営 業 外 費 用		
支払利息	3,000,000	
雑損失	1,000,000	4,000,000
経常利益		24,000,000

この会社の営業利益は 500 万円ですが、雑収入の 2,250 万円はスクラップの買取なので、本当はマイナスの材料費です。これを差し引くと製造原価は 5 億 50 万円、営業利益は 2,750 万円になります。

コストダウン活動により材料歩留を高めれば、材料費が減少しますが同

時にスクラップ収入（雑収入）も減少します。つまり営業利益が増加し、雑収入が減少します。スクラップ収入を雑収入にしている場合、こういった費用構造を理解しておかないと原価低減効果を正しく評価できません。

　つまり
- プレス加工のように材料費の比率が高く、スクラップ価格も高い場合、スクラップ価格の変動も考慮する。スクラップ価格の下落は利益をマイナスする。
- スクラップ価格の下落に対し値上げできなければ、見積の段階でスクラップ価格の変動を見込んでおく。
- 真鍮、銅などは材料が鉄よりも高価でスクラップも高値で売却できるため、適切な計算が必要
- スクラップの売上が雑収入になっている場合、材料歩留を改善すると、材料費とともに雑収入もマイナスするので注意する

ということです。

　材料費のロスには、液体、紛体のロスや端材のロスもあります。これについては次節で説明します。

3 材料ロスをどうやって原価に組み込むのだろうか？

　材料が棒材や板材の場合も端材のロスが生じます。これを考慮しないと材料費が低すぎてしまうことがあります。

ポイント 67　棒材や板材では端材も考慮する

　材料費は材料重量にその材料の重量単価をかけて計算します。

　材料費 ＝ 使用重量 × 重量単価

　例えば、切削加工品で材料がΦ25 × 260（ミリ）の鋼材（S45C）の場合、材料単価は以下のようになります。

　使用重量：1kg
　S45C の重量単価：300 円/kg

　材料費 ＝ 使用重量 × 重量単価 ＝ 1 × 300 = 300 円

　実際に4メートル定尺の棒材から切断した場合を**図 5-7** に示します。4メートルの素材を260ミリで切断すると、15個取れて端材が100ミリ残ります。端材は廃棄するため端材を考慮すると材料費は307円（+2.3%）になります。

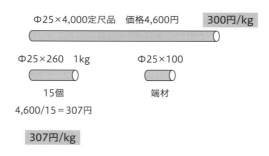

図 5-7 ▶ 端材の影響

ポイント 68 材料ロス率による原価の影響を確認する

材料が粉体や液体の場合、様々な原因で材料が失われます（**図 5-8**）。

● 設備に投入する際にこぼれる

● 設備に付着して製品にならない

● 材料を変更する際、設備内部の材料は排出し新しい材料が投入される
が、その過程で廃棄される（設備、金型内部）

● 不良品を粉砕して再利用できる場合、粉砕機で喪失する

● 樹脂の場合、金型内に取り残される樹脂（ランナー）のロス

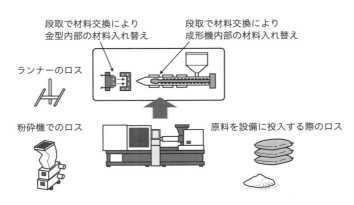

図 5-8 ▶ 様々な材料ロス

農産物や水産物などは、元々材料をすべて使うことができず、一定量の
破棄が出る前提です。そこでこういった材料ロスがある場合は、材料ロス
率を入れて材料費を計算します。

材料費 = 重量単価 × 使用量 ×（1 + 材料ロス率）

この材料ロス率は、過去からの慣例で○％と決めていて、これまで検
証していないことがあります。もし材料ロス率が実際と違っていると原価
はどうなるでしょうか？

樹脂成形加工B社B1製品で材料ロス率の違いによる材料費を計算します。

B1製品、重量単価300円／kg、製品重量0.1kg

- 材料ロス率（計算上）3%　材料費 ＝ 300 × 0.1 × （1 ＋ 0.03）＝ 30.9円
- 材料ロス率（実際）5%　　材料費 ＝ 300 × 0.1 × （1 ＋ 0.05）＝ 31.5円

材料ロス率が3%から5%に上昇すると、材料費は0.6円増加します。0.6円はB1製品の利益にとって大きな割合です。できれば一度材料ロス率を確認することをお勧めします。

材料ロス率は一定期間（例えば1か月）に使用した材料の量と完成した製品数から計算します。

1か月の材料使用量 ＝ 月初在庫量 ＋ 当月購入量 － 月末在庫量
1か月に製品になった材料 ＝ 当月生産実績数 × 製品1個の材料重量

現場に仕掛品がある場合は

1か月に製品になった材料
　＝（月初仕掛品数 ＋ 当月生産数 － 月末仕掛品数）× 製品1個の材料重量

$$材料ロス率 ＝ \frac{1か月の材料使用量 － 1か月に製品になった材料量}{1か月の材料使用量}$$

つまり
- 板材、棒材などで端材が発生する場合、kg単価だけでなく端材の影響も確認する
- 紛体・液体など材料ロスが発生する場合は材料ロス率によって材料費が大きく変わる
- できれば1、2品種で良いので材料ロス率を確認する
です。

　では材料価格が変動する場合、安い時にまとめ買いすればどうでしょうか？

　これについては次節で説明します。

4 まとめて買うと安くなる材料は まとめて買うべきだろうか？

　価格が大きく変動する材料は、価格が低い時にまとめて買えばその分利益が増えます。しかしまとめ買いは資金繰りの悪化や死蔵在庫になってしまうリスクがあります。これはどのように考えればよいでしょうか？

ポイント 69 運転資金の資金繰りに注意する

　材料費の資金繰りを**図 5-9** に示します。材料費は材料納入の 1 か月後に支払うとします。製品は材料発注から 3 か月後に出荷され、代金の入金は 5 か月後です。つまり材料費の支払いから顧客の入金まで 3 か月あります。その間の必要な資金が運転資金です。自己資金が不足すれば金融機関から借入します。

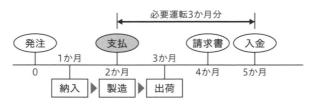

図 5-9 ▶ 運転資金

ポイント 70 値上げ前に余分に購入した時にはメリットがある

　材料が値上がりする前にたくさん買えば、値上げ分を一時カバーできます。例えば**図 5-10** に示すように、毎月購入している鋼材の価格が来月5% 上がることになったとします。そこでこの先 3 か月分をまとめて購入しました。

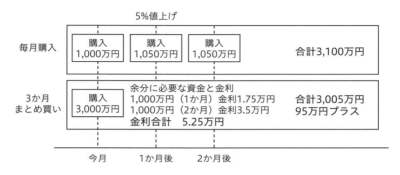

図 5-10 ▶ 値上げとまとめ買い

　2 か月分値上げ前の価格で購入できたため、100 万円安く購入できました。一方、その分運転資金が増加しました。増加した運転資金の費用（金利 2%）は約 5 万円（5.25 万円）でした。従って差引 95 万円のプラスでした。

<h2>ポイント 71　陳腐化リスクと廃棄ロスに注意する</h2>

　まとめて買った材料が計画通りに消費されれば問題ありません。しかし、計画が大きく変われば長期間使わなくなることもあります。計画が変わったため余分に買った材料が、5 年間滞留しました。この場合を図 5-11 に示します。

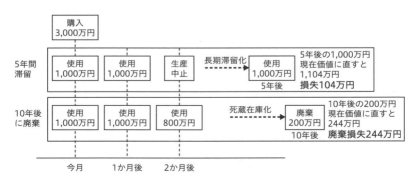

図 5-11 ▶ 長期滞留・死蔵在庫の損失

◆ 滞留によるロス

　1か月分1,000万円の材料が5年間滞留しました。その間継続して運転資金が必要なため、金利分だけ材料価格は高くなります。金利を2%とした場合、現在の1,000万円は5年後には1,104万円です（複利計算）。つまり材料費は104万円高くなっているのです。

　従って安く買ったことによるプラス95万円と1,000万円が5年間滞留したことによる損失104万円を合わせて

　　差引収支 = 95 − 104 = ▲9万円

　結果的には余分に買わない方が得でした。

◆ 廃棄によるロス

　最終的に廃棄した場合はどうなるでしょうか？

　図5-11で最後に買った材料が800万円分だけ消費され、200万円分は使用する見込みがなく死蔵在庫化しました。10年間保管した後廃棄しました。10年後に廃棄した200万円を現在の価値に直すと244万円です。従って差引収支は

　　差引収支 = 95 − 244 = ▲149万円

　結果的に余分に買わない方が得でした。

ポイント 72 　**長期間滞留する問題点を理解する**

　金属材料は経年変化が少ないため、在庫した材料が使えなくなることはありませんが、樹脂原料は吸湿性があるため長期間保管すると品質が低下します。また液体原料や化学薬品などは、時間の経過とともに中身が分離したり劣化するしたりします。

　他に問題となるのが保管場所や保管のための労力、在庫管理にかかる費用です。保管場所が狭く通路を塞いでしまい、ものを取り出す時保管して

いる材料を移動させなければならなかったり、棚卸の時間が多くかかったりします。

従って、材料が長期間滞留すれば
- 品質が劣化し使えなくなる、あるいは使用するためには手を加えなければならない
- 何らかの原因で材料が切り替わり、使えなくなる（陳腐化）
- 保管場所の確保や在庫管理に人手がかかり費用が発生する

という問題があります。

そこでまとめて買うことで増える利益と発生するリスクを**表5-2**にまとめました。

表5-2 ▶ まとめて買うリスク

	必要な量のみ	まとめて買う
安く買える	×	○
運転資金	○	×（増加）
金利	○	×（増加）
陳腐化リスク（劣化・廃棄）	少ない	大きい
保管場所	少ない	多く必要

つまり
- まとめて買うときの金額的なメリットと在庫の陳腐化・死蔵在庫化のリスクを比較してまとめて買うかどうか判断
- 消費量の少ない材料の方が陳腐化のリスクが高いので注意
  （少し余分に買っただけで保有期間が長くなり劣化や陳腐化のリスクが増える）

この2点が重要です。

5

外注が安い場合、外注に出せば利益は増えるのだろうか？

価格が厳しくて社内で製造（内製）すると赤字になる場合、外注[注1]に出せば黒字になりました。この時、外注に出せば本当に利益が出るのでしょうか？

ポイント 73 ▶ 外注は安くても内製よりもお金が出ていく

A社　A1製品は販管費込原価1,000円、受注価格は1,080円、利益は80円でした。ところが顧客が価格を1,020円に値下げしたいと言ってきました。1,020円では利益は20円になってしまいます。しかし外注に800円で発注できることがわかりました。**表5-3**に示すように販管費140円を入れても940円です。利益は80円で内製の20円より増えます。

表5-3 ▶ 内製と外注の比較

（単位：円）

	内製	外注
受注金額	1,020	1,020
材料費（変動費）	300	
外注費（変動費）		800
変動費合計	300	800
製造費用（固定費）	550	
販管費（固定費）	150	140
固定費合計	700	140
利益	20	80
限界利益（残るお金）※	720	220

（※限界利益(残るお金)＝受注金額－変動費）

実は固定費の回収を考えると、現場に余力があるのに外注に発注すればむしろ利益は少なくなります。内製は変動費300円、限界利益720円で、

最大 720 円固定費が回収できます。しかし外注に出せば、変動費 800 円、限界利益 220 円で、固定費の回収は 220 円しかありません。

内製の製造費用 550 円、販管費 150 円は固定費なので、生産しなくても発生する費用です。従って計算上の利益は少なくても、内製すれば外注よりも多くの固定費を回収できるため、結果的に会社全体の利益は増えます。

しかし工場の余力があるのに価格が低いからと外注に出せば、固定費の回収が不足します。固定費の回収不足は、工場の「稼働率の低下」や「アワーレートの上昇」となって現れます。工場の生産能力に余裕がある場合は「赤字でも」内製して自社工場の生産量を増やします。

ポイント 74　追加費用が発生しても内製が有利になる場合が多い

もし工場に余力がなく休日出勤しなければならない場合はどうでしょうか。休日出勤（休出）で追加費用が発生するくらいなら、外注に出した方が良いと多くの人は思います。**表 5-4** に休出する場合の外注との比較を示します。

表5-4 ▶ 休出する場合の内製と外注の比較

（単位：円）

	内製（休出）	外注
受注金額	1,020	1,020
材料費（変動費）	300	
外注費（変動費）		800
追加製造費用（変動費）	200	
変動費合計	500	800
製造費用（固定費）	550	
販管費（固定費）	190	140
固定費合計	740	140
利益	▲ 220	80
限界利益（残るお金）	520	220

休出すれば休日出勤手当が必要になり製造費用は 200 円増えます。▲220 円の赤字です。「内製は赤字だから、外注に出せ！」となります。

　しかし限界利益を比較すると、内製は 520 円、外注は 220 円、つまり休日出勤手当を払っても内製の方が固定費の回収は多いのです。

　つまり
- 工場に余力があれば赤字でも内製する
- 休日出勤や残業で対応できるなら追加費用を払っても内製する

です。

　内製・外製の判断は以下を基準に戦略的に考えます。

◆ 外注化がメリットが大きい
- 一時的な受注のオーバーフロー
- 自社に技術や設備がない
- 内製では量が少なく生産が非効率

◆ 内製の方がメリットが大きい
- 短納期
- 納入後に検査や調整など追加作業がある
- 付加価値が高い
- 技術・経験やノウハウの蓄積が必要
- 専用の設備や治具が必要（処分されると生産できない）

　実は外注化は本質的にはコストアップなのです。その理由はコラムで説明します。

注1　「外注」は「社内の業務を社外に依頼すること」を意味します。一方外注という言葉を相手を卑下する意味で使われる場合もあるため、「協力会社」「サプライヤー」と呼ぶ企業もあります。本書では一般的な「社内の業務を社外に依頼すること」という意味で「外注」という言葉を使用します。

COLUMN ◆ 5

外注化すれば高くなる

　外注化すれば本質的には原価は高くなります。なぜなら外注への発注価格に外注の販管費や利益も上乗せされるからです。

　図 5-12 に内製と外注の費用を比較します。

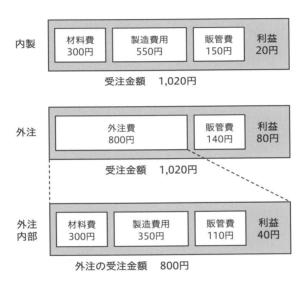

図 5-12 ▶ 内製と外注の費用の比較

　社内では製造原価 850 円のものを外注に 800 円で発注すれば、**図 5-12** のように 20 円の利益が 80 円になります。この時、外注の利益を 40 円、販管費を 110 円とすると、製造費用 550 円の製品を外注先は 350 円でつくらなければなりません。社内も外注も製造時間が 0.11 時間の場合、

　社内のアワーレート（人と設備）：5,000 円 / 時間

　[アワーレート（人）3,300 円 / 時間　アワーレート（設備）1,700 円 / 時間]

外注先のアワーレート（人と設備）は

〈外注のアワーレート（人と設備）〉

$$= \frac{外注の製造費用}{内製の製造費用} \times 内製のアワーレート（人と設備）$$

$$= \frac{350}{550} \times 5,000 = 3,180 \ 円 / 時間$$

　外注はアワーレート（人と設備）が 3,180 円 / 時間でなければ必要な利益が出ません。もし外注が自社と同じアワーレートであれば、見積は自社と同じ1,080 円です。つまり本質的には外注化はコストアップなのです。

　外注化して価格が下がるのは「外注先の賃金が低く設備投資が少ないため」なのです。そしてこの外注先がさらに別の会社に外注すれば、製造費用はさらに低くなります。こうした低い価格は不十分な品質管理や検査工程の省略の原因になります。

　外注化によるコストダウンを否定はしませんが、外注先の品質管理や検査体制を十分確認しておかないと、重大な不良が発生して、かえって高いものになってしまいます。

第 **6** 章

ロットや段取についての
原価の疑問

1 無人加工で原価は
どのくらい下がるのだろうか？

ポイント 75 ▶ 人よりも設備の方が安い場合が多い

これまでに説明した方法で計算した A 社のアワーレートを**表 6-1** に示します。

表 6-1 ▶ A 社の人と設備のアワーレート

（単位：円／時間）

	アワーレート（人）	アワーレート（設備）
マシニングセンタ	3,300	1,700
大型マシニングセンタ	3,100	2,600
NC 旋盤	3,100	1,500
平面研削盤	3,200	1,700
ワイヤーカット	2,600	1,000
組立	2,200	0

A 社の例では設備よりも人の方がアワーレートは高くなっています。つまり高額な設備でなければ、人より設備の方がアワーレートは低いのです。従って設備が自動で加工し、加工中人が必要なければ原価は下がります。例えば NC 工作機械、ローダー付き射出成形機、順送プレス機などです。この場合の原価はどうなるでしょうか？

ポイント 76 ▶ 無人加工中の人の費用はゼロ

A 社 A1 部品を有人加工と無人加工で比較したものを**図 6-1** と**図 6-2** に示します。段取はどちらも人と設備の費用が発生します。加工は、無人

加工は設備の費用のみ発生します。ただし作業者は「起動ボタンを押したら他のところでお金を生む作業を行っている」という条件です。

〈マシニングセンタ〉
アワーレート（人）3,300 円 / 時間　アワーレート（設備）1,700 円 / 時間
アワーレート（人と設備）5,000 円 / 時間

〈A1 製品、100 個ロット〉
段取時間 1 時間　1 個当たり段取時間 = 1/100 = 0.01 時間
加工時間 0.1 時間

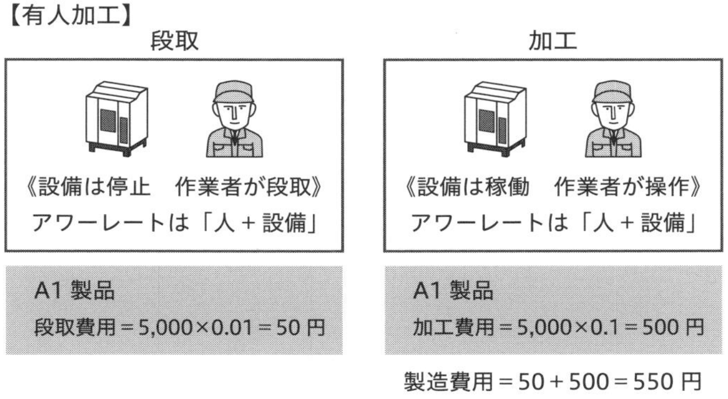

【有人加工】

　　　　段取　　　　　　　　　　　　　加工

《設備は停止　作業者が段取》　　　《設備は稼働　作業者が操作》
アワーレートは「人 + 設備」　　　アワーレートは「人 + 設備」

A1 製品　　　　　　　　　　　　　A1 製品
段取費用 = 5,000×0.01 = 50 円　　加工費用 = 5,000×0.1 = 500 円

製造費用 = 50 + 500 = 550 円

図 6-1 ▶ 有人加工の製造費用

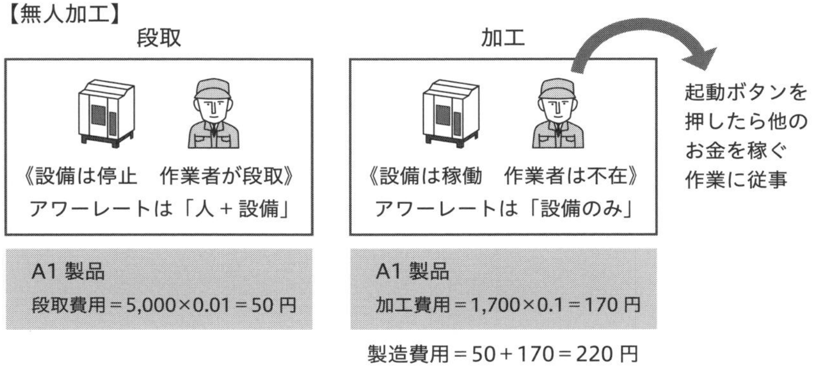

【無人加工】

　　　　段取　　　　　　　　　　　　　加工

　　　　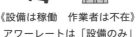

《設備は停止　作業者が段取》　　　《設備は稼働　作業者は不在》
アワーレートは「人 + 設備」　　　アワーレートは「設備のみ」

起動ボタンを
押したら他の
お金を稼ぐ
作業に従事

A1 製品　　　　　　　　　　　　　A1 製品
段取費用 = 5,000×0.01 = 50 円　　加工費用 = 1,700×0.1 = 170 円

製造費用 = 50 + 170 = 220 円

図 6-2 ▶ 無人加工の製造費用

　有人加工の加工費用は 500 円ですが、無人加工は人の費用がゼロになる

ため加工費用は 170 円でした。逆に、無人加工で見積した製品が加工中問題が起きて作業者がつきっきりになっている場合、コストは大幅に上がります。

ポイント 77 ▶ 2 台持ちの場合は加工時間は 1/2

設備が自動で加工しワークの着脱のみ作業者が行う場合、1 人の作業者が 2 台、あるいは複数の設備のワークの着脱を行うことがあります。これを「多台持ち」と呼び、大量生産の工場ではよく行われます。**図 6-3** は 2 台持ちを示します。

【2 台持ち】

段取

《設備は停止　作業者が段取》
アワーレートは「人 + 設備」

A1 製品
段取費用 = 5,000×0.01 = 50 円

加工

《設備稼働　作業者は 2 台担当》
アワーレートは「人」 加工時間1/2
アワーレートは「設備」

A1 製品
加工費 = 3,300×0.1/2 + 1,700×0.1
　　　 = 335 円

製造費用 = 50 + 335 = 385 円

図 6-3 ▶ 2 台持ちの製造費用

2 台持ちは人の加工費用が半分になります。そこで人の加工時間を 1/2にして加工費用を計算します。（3 台持ちでは 1/3 にします。）

この結果、製造費用は

有人加工　550 円

2 台持ち　385 円

無人加工　220 円

となります。

　つまり
- 人の費用と設備の費用では人の費用の方が高い場合が多い
- 自動で加工できる設備は無人加工ができるため原価は下がる
　ただし無人加工中、作業者は他の現場でお金を稼ぐ仕事をすること
- 安価なロボットや自動化設備によるコストダウン効果は高い
- 無人加工の現場でトラブルのため作業者が入れば原価は大きく上がる。
　早急に問題を解決して無人加工に戻さなければならない。
です。

　実際は無人加工中も作業者はその現場にいて、次の生産準備をしたり、できあがった製品の品質をチェックしたりしています。その場合の原価はどうなるでしょうか？
　これについては次節で説明します。

2 無人加工の作業者の費用はどうなるのだろうか？

　前節で無人加工の場合、作業者は「起動ボタンを押したら別の現場でお金を稼ぐ仕事をする」前提でした。実際はそうでない場合も多いのです。よくあるのは**図6-4**に示すように作業者が複数の設備を担当し、1台が加工を開始したら別の設備の段取を行います。その設備も加工を開始したらそのまま現場にいて、次の段取の準備をしたり、完成品の品質を確認したりします。この場合の作業者の費用はどうなるのでしょうか？

【無人加工】

段取

《設備は停止　作業者が段取》
アワーレートは「人＋設備」

加工　　別の設備

《設備稼働　作業者は間接作業》
次の生産準備、品質確認
アワーレートは「設備」（人は間接費）

図6-4 ▶ 無人加工中の作業者

ポイント
78 無人加工の場合、加工中の作業者を間接費用とする

　この場合、加工中の作業者は直接製造はせず複数の設備に間接的に関与するため、間接作業と考えます。無人加工中はお金を稼ぐのは設備のみなので、作業者を設備の一部と考え、作業者の費用は設備の間接製造費用にします。

アワーレート（設備）は

$$
アワーレート（設備）＝\frac{実際の償却費＋ランニングコスト＋\boxed{作業者の間接製造費用}}{操業時間×稼働率}
$$

平均アワーレート（設備）は以下の式になります。

平均アワーレート（設備）

$$= \frac{\text{設備合計（実際の償却費＋ランニングコスト）＋\boxed{作業者の間接製造費用合計}}}{\text{（操業時間×稼働率）設備合計}}$$

作業者の段取と間接作業の比率が重要

　この方法で計算するためには、作業者の就業時間の中で段取時間と加工時間の割合が必要です。個々の作業者に対してこれを1年通して調べるのは大変なので、数日間サンプリングし、おおよその比率を求めます。例として A 社のワイヤーカット放電加工機のアワーレートを示します。

　A 社はワイヤーカット放電加工機4台を2人の作業者が担当しています。加工は無人加工で、夜間も加工を行います。作業者と設備は**図 6-5** のようになっています。作業者1は設備1、設備2の段取を行い、段取終了後はその現場で間接作業を行っています。終業後、設備は夜間も無人で加工します。作業者の時間を調べたところ、50% が段取、50% が間接作業でした。

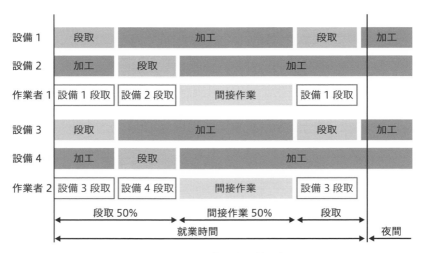

図6-5 ▶ ワイヤーカット放電加工機の加工と段取

作業者　2人　　　　　　　ワイヤーカット放電加工機 4 台
人件費　　　　　　　　　　（1 台当たり）
作業者 1：352 万円　　　　実際の償却費　160 万円
作業者 2：440 万円　　　　電気代　57.6 万円
就業時間（1 人）　2,200 時間　　操業時間　6,800 時間
稼働率　0.8　　　　　　　　稼働率　0.8

間接作業者を含まないアワーレート（設備）は

$$\text{アワーレート（設備）} = \frac{(160 + 57.6) \times 4 \times 10^4}{6,800 \times 0.8 \times 4} = 400 \text{ 円／時間}$$

間接作業者 2 人を含んだアワーレート（設備）

$$\text{アワーレート（設備）} = \frac{(160 + 57.6) \times 4 \times 10^4 + \boxed{(352 + 440) / 2 \times 10^4}}{6,800 \times 0.8 \times 4}$$

$$= 582 \fallingdotseq 580 \text{ 円／時間}$$

作業者の間接製造費用を入れたことで、アワーレート（設備）は 180 円／時間、高くなりました。

このように計算すれば無人加工中の作業者の費用も原価に反映することができます。
つまり
- 設備が無人加工中に対応する間接作業者の数を少なくすれば原価を下げることができる。
- ワイヤーカット放電加工機のように夜間無人で加工できる設備は人の費用が発生しないため加工コストは低くなる。
なのです。

3 ロットの違いは原価に どのように影響するのだろうか？

ポイント 80 段取は2種類ある

　次の品種への切替を段取と呼びます。実は段取は2種類あり、その内容は大きく異なります。

① （すでに実績のある）品種の切替

② （過去に実績のない）製品の生産準備

　①の作業内容は、金型、材料、刃物、加工治具の交換、加工プログラムの切替、テスト加工と品質確認です。②の作業内容は、①に加えて加工プログラムの作成やテスト加工、加工プログラムの修正などです。

　プレス加工、樹脂成形加工や量産工場では、段取は①を指します。段取の手順は決まっていて、できる限りすばやく行うことが求められます。

　一方、多品種少量生産や単品生産の工場では、段取は②を指します。初めて製造するため、もし作成したプログラムや加工条件が適切でなければ不良品をつくってしまいます。そのため、早さとともに作業の正しさも求められます。

　そしてロットが小さくなれば、段取時間の占める割合が高くなり原価は上がります。ではロットの数の変化は原価にどのくらい影響するのでしょうか？

ポイント 81 大量生産品は、ロットが小さくなれば原価が急増

　プレス加工や樹脂成形加工の段取作業では、金型の交換や材料の切替を行います。段取時間が長く、ロットが小さければ、原価はとても高くなります。

　樹脂成形加工B社B1製品のロットが10,000個から1,000個に減少した

場合の原価と利益の比較を**表 6-2** に示します。

表 6-2 ▶ ロットの違いによる B1 製品の原価

（単位：円）

	ロット 10,000	ロット 1,000
段取費用	0.33	3.3
加工費用	16.67	16.67
製造費用	17.00	19.97
製造原価	47.90	50.87
販管費込原価	53.6	56.9
利益	3.4	0.1

B1 製品：受注価格 57 円
B 社：販管費レート 11.8%
（詳細は〈計算の詳細〉参照）

ロットが 10,000 個から 1,000 個に減少したことで、段取費用は 3 円増加しました。その結果、ロット 10,000 個では 3.4 円あった利益が 0.1 円とほぼゼロになりました。

樹脂成形加工やプレス加工などは加工時間に比べて段取時間が長いため、段取のコストを下げるには、できるだけ大きなロットで生産します。一方ずっと同一品種を生産しているため、段取費用を見積に入れない企業もあります。そういった企業でもロットが少なくなっていれば、段取費用を計算しないと、いつの間にか利益が出なくなっていても気づきません。

 ポイント
82　少量生産品は、わずかなロットの違いでも原価が大きく変わる

多品種少量生産は製造ロットが小さいため、段取費用も必ず原価に入れます。もし見積の時とロット数が変わった場合、原価はどう変わるのでしょ

うか。

　切削加工・組立 A 社 A1 製品のロットが 100 個から 20 個に減少した場合の、原価と利益の比較を**表 6-3** に示します。

表 6-3 ▶ ロットの違いによる A1 製品の原価

（単位：円）

	ロット 100	ロット 20
段取費用	50	250
加工費用	500	500
製造費用	550	750
製造原価	850	1,050
販管費込原価	1,000	1,240
利益	80	▲ 160

A1 製品：受注価格 1,080 円
B 社、販管費レート 18%
（詳細は〈計算の詳細〉参照）

　ロットが 100 個から 20 個に減少し、段取費用は 200 円増加しました。その結果、ロット 100 個では 80 円だった利益がロット 20 個では 160 円の赤字になりました。

　多品種少量生産のようにロット数が小さい場合、僅かなロット数の違いでも原価が大きく変わります。そのためロット数の違いを常にチェックする必要があります。

ポイント 83 ▶ 適切なロットの大きさ

　適切なロットの大きさは段取時間と加工時間のバランスから決まります。例えば段取時間をそのロットの加工時間の 30% 以下（段取時間の比率）とします。

- 段取時間 1 時間（60 分）
- 加工時間 1 分

  この時の最小ロットサイズは

$$最小ロットサイズ = \frac{段取時間}{段取時間の比率 \times 加工時間} = \frac{60}{0.3 \times 1} = 200\ 個$$

　段取時間の比率を 30% 以下に抑えようとすれば、製品のロットサイズは 200 個以上必要です。

　段取時間が 30 分に短縮されれば

$$最小ロットサイズ = \frac{30}{0.3 \times 1} = 100\ 個$$

　最小ロットサイズが 200 個から 100 個に減少します。

　ロットの違いが大きく出るのは段取時間が長いためです。では段取時間を短縮すればどうなるのでしょうか？
　これについては次節で説明します。

参考表：《計算の詳細》

【B1 製品】

a 段取時間　1 時間

　ロット 10,000 個：1 個の段取時間 = 1/10,000=0.0001 時間

　ロット 1,000 個：1 個の段取時間 = 1/1,000=0.001 時間

b 加工時間　1 分 = 0.01667 時間

c 材料費　30.9 円

e 販管費レート　11.8%

g 受注金額　57 円

		ロット 10,000	ロット 1,000
h アワーレート（段取）	（円 / 時間）	3,300	3,300
i 段取費用（円）	h × a	0.33	3.3
j アワーレート（加工）	（円 / 時間）	1,000	1,000
k 加工費用（円）	j × b	16.67	16.67
l 製造費用（円）	i + k	17.00	19.97
m 製造原価（円）	c + l	47.90	50.87
n 販管費（円）	m × e	5.65	6.00
o 販管費込原価（円）	m + n	53.6	56.9
p 利益（円）	g − o	3.4	0.1

【A1 製品】

a 段取時間　1 時間

　ロット 100 個：1 個の段取時間 = 1/100 = 0.01 時間

　ロット 20 個：1 個の段取時間 = 1/20 = 0.05 時間

b 加工時間　0.1 時間

c 材料費　300 円

e 販管費レート　18%

g 受注金額　1,080 円

		ロット 100	ロット 20
h アワーレート（段取）	（円 / 時間）	5,000	5,000
i 段取費用（円）	h × a	50	250
j アワーレート（加工）	（円 / 時間）	5,000	5,000
k 加工費用（円）	j × b	500	500
l 製造費用（円）	i + k	550	750
m 製造原価（円）	c + l	850	1,050
n 販管費（円）	m × e	150	190
o 販管費込原価（円）	m + n	1,000	1,240
p 利益（円）	g − o	80	▲ 160

4 段取時間短縮で原価はどのくらい変わるのだろうか？

　段取時間が長ければ、ロットが小さくなった時に原価は高くなります。そこで段取時間の短縮はとても重要です。

　この段取作業には**外段取**と**内段取**の2種類があります。

● 内段取：設備を停止して行う段取
● 外段取：設備が生産中に行う次の生産の段取

　段取時間を短縮するためには、内段取を外段取化します。

ポイント 84 **一部外段取化の効果はロットが小さくなるほど大きい**

　樹脂射出成形やプレス加工は、段取作業で金型や材料の交換、品種切替後の製品の品質確認を行います。そのため段取作業は0.5～1時間ぐらいかかります。そこで事前に金型や材料を準備をしたり、ヒーターで金型の温度を上げたり（樹脂成形加工）して、生産中に次の段取をする「外段取」を行います。これにより内段取時間を短縮します。

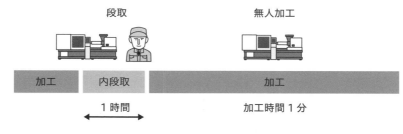

図6-6 ▶ 全て内段取の場合

　樹脂成形加工B社で内段取の一部を外段取化した場合を検討します。従来内段取時間が1時間だったものを0.5時間分外段取化しました（**図6-6、図6-7**）。無人加工なので外段取は加工中手が空いている作業者が行うため、外段取の費用はゼロです。

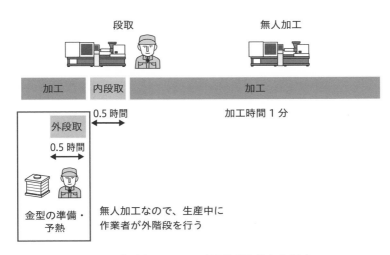

図 6-7 ▶ 無人加工で 0.5 時間外段取化した場合

表 6-4 ▶ 無人加工での一部外段取化による原価低減効果

(単位：円)

	完全内段取（従来）		0.5 時間外段取化	
	ロット 10,000	ロット 1,000	ロット 10,000	ロット 1,000
段取費用	0.33	3.3	0.165	1.65
加工費用	16.67	16.67	16.67	16.67
製造費用	17.00	19.97	16.84	18.32
製造原価	47.90	50.87	47.74	49.22
販管費込原価	53.6	56.9	53.4	55.0
利益	3.4	0.1	3.6	2.0

B1 製品　受注価格 57 円

B 社　販管費レート 11.8%

（詳細は〈計算の詳細〉参照）

ロット 10,000 個では、一部外段取化しても段取費用は 0.165 円しか変わ

らず、外段取化した効果は高くありません。しかしロット1,000個では今までは利益が0.1円しかありませんでしたが、一部外段取化したことにより利益は2円になりました。つまりロットが小さくなるほど、段取時間短縮の効果は大きくなります（**表6-4**）。

ポイント
85 **有人加工の場合、外段取化の効果は限定的**

この例では外段取は無人加工中の間接作業者が行うため、人の費用は発生しませんでした。しかし有人加工では、生産中作業者は設備を操作しているため外段取ができません。そこで別の作業者が外段取を応援します。この場合、原価低減の効果はどうなるでしょうか？

表6-5 ▶ 有人加工での一部外段取化による原価低減効果

（単位：円）

	完全内段取（従来）		外段取化（有人加工）	
	ロット 10,000	ロット 1,000	ロット 10,000	ロット 1,000
段取費用	0.33	3.3	0.295	2.95
加工費用	16.67	16.67	16.67	16.67
製造費用	17.00	19.97	16.97	19.62
製造原価	47.90	50.87	47.87	50.52
販管費込原価	53.6	56.9	53.5	56.5
利益	3.4	0.1	3.5	0.5

有人加工で一部を外段取化した場合、外段取中に人の費用が発生するため、コストダウン効果は低くなります。しかし段取時間自体は短くなるため、特にロットが小さい時は、時間当たりの出来高が増えます。ロットが小さくなり段取時間の比率が高くなれば有人加工でも外段取化すればコストダウンできます。有人加工、無人加工の内段取、外段殿の比較を下表に示します。

表6-6 ▶ 内段取、外段取（有人）、外段取（無人）の比較

（単位：円）

		内段取	外段取（有人）	外段取（無人）
段取費用	ロット 10,000	0.33	0.295	0.165
	ロット 1,000	3.3	2.95	1.65
販管費込み原価	ロット 10,000	53.6	53.5	53.3
	ロット 1,000	56.9	56.5	55.0
利益	ロット 10,000	3.4	3.5	3.7
	ロット 1,000	0.1	0.5	2.0
時間当たり出来高	ロット 10,000	59.6	59.8	59.8
	ロット 1,000	56.6	58.2	58.2

では完全に外段取化ができたら原価はどう変わるでしょうか？

これについては次節で説明します。

参考表：《計算の詳細》
a 加工時間：1 分 = 0.01667 時間
b 材料費　30.9 円
c 販管費レート　11.8%
d 受注金額　57 円

		内段取		外段取			
				無人		有人	
e ロット		10,000	1,000	10,000	1,000	10,000	1,000
f アワーレート（内段取）	（円／時間）	3,300	3,300	3,300	3,300	3,300	3,300
g 内段取時間		1	1	0.5	0.5	0.5	0.5
h 内段取時間（1 個）	g/e	0.0001	0.001	0.00005	0.0005	0.00005	0.0005
i 内段取費用	f × h	0.33	3.3	0.165	1.65	0.165	1.65
j アワーレート（外段取）	（円／時間）	0	0	0	0	2,600	2,600
k 外段取時間		0	0	0.5	0.5	0.5	0.5
l 外段取時間（1 個）	k/e	0	0	0.00005	0.0005	0.00005	0.0005
m 外段取費用	j × l	0	0	0	0	0.13	1.3
n 段取費用	i + m	0.33	3.3	0.165	1.65	0.295	2.95
o アワーレート（加工）	（円／時間）	1,000	1,000	1,000	1,000	1,000	1,000
p 加工費用（円）	a × o	16.67	16.67	16.67	16.67	16.67	16.67
q 製造費用（円）	n + p	17.00	19.97	16.84	18.32	16.97	19.62
r 製造原価（円）	b + q	47.90	50.87	47.74	49.22	47.87	50.52
s 販管費（円）	r × c	5.65	6.00	5.63	5.81	5.65	5.96
t 販管費込原価（円）	r + s	53.6	56.9	53.4	55.0	53.5	56.5
u 利益（円）	d − t	3.4	0.1	3.6	2.0	3.5	0.5

5 外段取で原価はどのくらい 変わるのだろうか？

　前節で示したように、内段取を減らして外段取を増やせば、段取で生産が中断する時間が短くなり原価低減できます。そこで段取作業を 100% 外段化すればどうなるでしょうか？

ポイント 86　ワーク着脱の自動化で完全な外段取化が実現できる

　工作機械の場合、段取作業は
①加工プログラムの変更
②刃物の変更
③ワークの形状変更
などです。

　例えばマシニングセンタの場合①加工プログラムの変更は、時間はほとんどかかりません。②刃物の変更も工具自動交換機能があるため段取時間はゼロにできます。そこで③ワークの形状変更に**図 6-8** に示すパレットと呼ばれるツールを自動交換するパレットチェンジャーを使えば完全に外段取化できます。

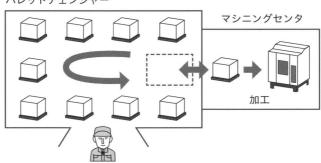

図 6-8 ▶ パレットチェンジャー付きマシニングセンタ

ポイント 87 外段取のコスト削減効果を理解する

　パレットチェンジャーを使って外段取化した場合の原価を計算します。**図 6-9** にパレットチェンジャーの加工例を示します。

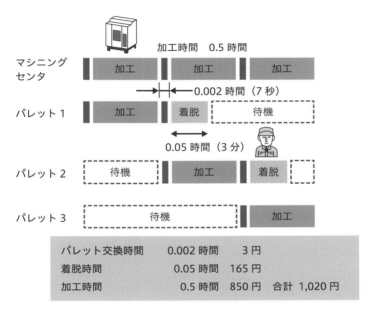

図 6-9 ▶ パレットチェンジャー付きマシニングセンタの場合

　パレット 1 の加工が終わるとマシニングセンタはパレットを自動交換してパレット 2 の加工を開始します。その間作業者はパレット 1 から加工が終わったワークを外して次のワークを取付けます。人の費用はワークの着脱のみなので、この例では 165 円、加工費用合計は 1,020 円でした。

　参考のためパレットチェンジャーなしのマシニングセンタの場合を**図 6-10** に示します。

　実はパレットチェンジャーなしでも無人加工の人の費用はワーク着脱の費用のみです。この例ではワーク着脱費用は 250 円です。ただしワーク着

脱時間がパレットチェンジャーがない場合 0.05 時間に対し、パレットチェンジャーでは 0.02 時間に短くなります。その分、ワーク着脱費用は低くなり加工費用も低くなります。

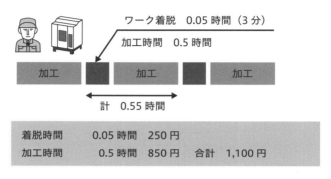

図6-10 ▶ パレットチェンジャーなしの場合

完全外段取化の本当のメリットは夜間無人運転ができること

　パレットチェンジャーによる外段取化のコスト削減効果はそれほど高くありません。実は完全外段取化の最大のメリットは、段取作業をまとめて行うことで夜間無人運転ができることです。これにより設備の年間稼働時間が2倍になります。設備のアワーレートが大幅に下がり原価も下がります。従ってパレットチェンジャー付きマシニングセンタを導入した場合は、必ず夜間無人運転を行います。他の設備でも高価なワーク自動交換装置を導入した場合は夜間無人運転が必須です。

　一方、完全外段取化は、品質が安定し加工条件の細かな調整が不要でなければなりません。品種切替後、作業者が加工状況を観察したり、切替後の初品を検査して補正値の入力が必要であれば、夜間無人運転はかけられません。

参考表：《計算の詳細》

	パレットチェンジャーつき	パレットチェンジャーなし
a アワーレート（設備）　（円/時間）	1,700	1,700
b パレット入替時間（時間）	0.002	
c パレット入替費用（円）　a × b	3	
d ワーク着脱アワーレート　（円 / 時間）	3,300	5,000
e ワーク着脱時間（時間）	0.05	0.05
f ワーク着脱費用（円）　d × e	165	250
g アワーレート（加工）　（円 / 時間）	1,700	1,700
h 加工時間（時間）	0.5	0.5
i 加工費用（円）　g × h	850	850
j 製造費用（円）　c + f + i	1,020	1,100

1個流しと段取時間

　生産性をより高めるために1個流しに取り組むことがあります。この1個流しとは工程間の製品の搬送の仕方です。

・ロット流し（別名：ダンゴ生産）

　図6-11のようにまとめて生産し、まとめて次の工程に搬送する方法です。その結果リードタイムは長くなります。

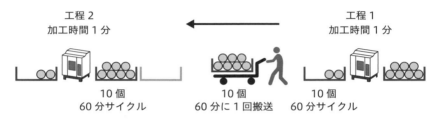

工程2　　　　　　　　　　　　　　　　　　　工程1
加工時間1分　　　　　　　　　　　　　　　　加工時間1分

10個　　　　　　　　10個　　　　　　　　10個
60分サイクル　　60分に1回搬送　　60分サイクル

リードタイム（工程1投入から工程2完了まで）180分

図6-11 ▶ ロット流し（ダンゴ生産）

・1個流し

　製品を1個ずつ次の工程に送る方法です。台車では効率が悪いので、**図6-12**のようにシュートなどを使って送ります。

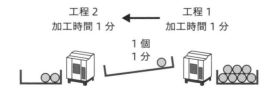

工程2　　　　　工程1
加工時間1分　　加工時間1分

1個
1分

リードタイム（工程1投入から工程2完了まで）3分

図6-12 ▶ 1個流し

　同じ製品をつくり続けるのであれば、ロット流しから1個流しに変えても問題ありません。しかし生産する製品が毎回異なると段取が毎回発生します。

ただし段取時間がゼロであれば原価に影響ありません。

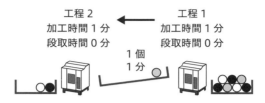

製造時間 ＝ 段取時間 ＋ 加工時間 ＝ 0 ＋ 1 ＝ 1 分

図 6-13 ▶ 段取時間ゼロ（異品種 1 個流し）

しかし段取に時間がかかれば生産性は低下し原価は高くなります。**図 6-14** は段取に 1 分かかる場合です。

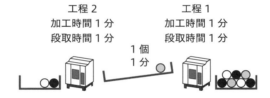

製造時間 ＝ 段取時間 ＋ 加工時間 ＝ 1 ＋ 1 ＝ 2 分

図 6-14 ▶ 段取時間 1 分（異品種 1 個流し）

毎回段取時間が 1 分かかるため、製造時間が 2 倍になりました。

以前見た工場では 1 個流しに変えた結果、段取時間が大幅に増え原価が高くなっていました。1 日の生産量がもっと多ければ、ロットをまとめて生産した方が原価はもっと低くできます。

第 **7** 章

知らぬ間に利益が
減少する「見えない赤字」
に対する疑問

1 現場で発生する不良は原価に どのように影響するのだろうか？

　不良が発生し、製品を廃棄したり修正すれば原価は上昇します。本来は「不良を対策するまで生産を止める」べきなのですが、現実には顧客の生産計画もあり不良を対策しきれないまま見切り発車することもあります。この時、不良は原価にどれくらい影響するでしょうか？

ポイント
89 **不良品を修正して使用できる場合は、修正費用が損失金額**

　不良品を修正して使用する場合、損失金額は修正にかかった費用です。
　A 社、A2 製品の損失金額を検討します。製造工程は**図 7-1** に示すようにマシニングセンタ、平面研削盤、出荷検査です。生産ロットは100個です。

製造原価　4,500円

図 7-1 ▶ A2 製品の製造工程

◆ 再度工程を経た場合、損失金額はその工程の製造費用

　検査工程で不良を 1 個発見し、工程 2 平面研削工程を再度通したところ良品になりました。
　そこで工程 2、工程 3 を再度経たことを製造指図書（または日報）に記入します。損失金額は工程 2 の製造費用と工程 3 の検査費用合わせて 1,700円です（**図 7-2**）。

検査でNG発覚、再度工程2（平面研削加工）を実施

損失金額　工程2＋工程3（再検査）1,700円

図 7-2 ▶ 再度同じ工程を経た場合

◆ 別工程で修正した場合、段取費用が高くなる

　検査工程で不良を1個発見し、別工程（平面研削盤2）で修正しました。別途製造指図書を発行します。（または今の製造指図書に修正工程と修正時間を記入します。）

　別工程で修正する場合、ロットは1個なので段取費用の比率が高く修正費用が高くなります。今回の損失金額4,100円のうち、2,450円は段取費用でした（**図 7-3**）。

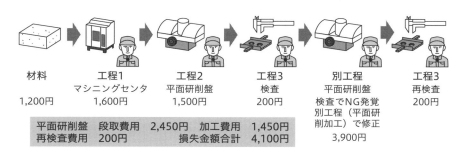

図 7-3 ▶ 別工程で修正した場合

不良品を廃棄する場合、損失金額は「製造費用＋材料費」

◆不良品を廃棄した場合、損失金額は材料費とその工程までの製造費用

　検査工程で不良品を1個発見し、修正できないため廃棄しました。製造指図書（または日報）に1個廃棄したことを記入します。損失金額は製造原価 4,500 円でした。

図 7-4 ▶ 不良品を廃棄した場合

　A2製品、ロット 100 個の不良損失 3 個の損失金額合計は 10,300 円でした。

（損失金額）

工程 2 で修正	1,700 円
別工程で修正	4,100 円
廃棄	4,500 円
損失金額合計	10,300 円

　このロットの1個当たりの損失金額と損失金額を含めた（1個の）製造原価は

$$1 個当たりの損失金額 = \frac{損失金額合計}{ロット数} = \frac{10,300}{100} = 103 \fallingdotseq 100 円$$

$$損失金額を含めた製造原価 = 製造原価 + 1 個あたり損失金額$$
$$= 4500 + 100 = 4,600 円$$

　従って不良が 3 個発生したため、製造原価は 1 個当たり 100 円（2.2%）増加しました。

　しかし、修正に要した時間や廃棄した材料を記録し、損失金額を計算しなければ、損失がいくらなのかわかりません。これが「受注では利益があるはずなのに思ったほど利益が出ていない見えない赤字」の原因のひとつです。

ポイント 91 　不良品が材料として再利用できる場合、損失が見えにくくなる

　損失金額を比較すると
- 工程 2 で修正　　1,700 円
- 別工程で修正　　4,100 円
- 廃棄　　　　　　4,500 円

廃棄した場合が最も損失金額が大きくなります。

　一方、廃棄すれば、廃棄品が出るので管理者もわかります。しかし現場で修正して使用していると、不良の発生が見えにくくなります。

　つまり
- 不良品を修正すれば、余分に工数が発生し原価は高くなる
- 修正は必ず製造指図書や日報に記録し見える化する
- 特に修正して再利用できる場合、損失に対する現場の意識が希薄になるので注意

この 3 点に注意します。

　他にも樹脂成形では不良品を粉砕機に入れて材料を再利用することがあります。この場合も気がつけば高い不良率で生産していることがあります。これも見えない不良となるので注意が必要です。

　一方、不良のために全数検査を追加した場合の損失については、次節で説明します。

気がついたら現場は全数検査をしていた、原価はどうなるのだろうか？

　見積に検査費用が最初から入っていれば問題ありませんが、顧客の要求や不良対策として後から全数検査を追加することがあります。全数検査の追加は原価に大きく影響するため、どちらの責任で発生した問題か、営業が顧客と取り決めする必要があります。しかし、中には営業を通さず製造部門が全数検査の追加を顧客と決めてしまうことがあります。その結果「見積上は利益が出ているのに赤字で製造していた」ということが起きます。この場合、原価はどれくらい変わるのでしょうか。

ポイント 92 ▶ 全数検査の原価への影響は大きい

　A社、A2製品で全数検査を追加した場合を考えます。A2製品は**図7-5**に示すように受注価格5,300円、利益は230円でした（受注ロットは100個）。

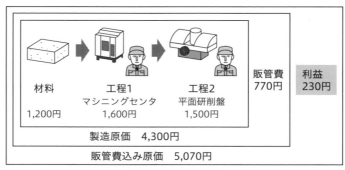

材料
1,200円

工程1
マシニングセンタ
1,600円

工程2
平面研削盤
1,500円

販管費
770円

利益
230円

製造原価　4,300円

販管費込み原価　5,070円

受注価格　5,300円

図7-5 ▶ 検査追加前のA2製品の製造工程と原価

　A2製品に**図7-6**のように全数検査を追加しました。検査時間は6分で増えた費用は200円でした。

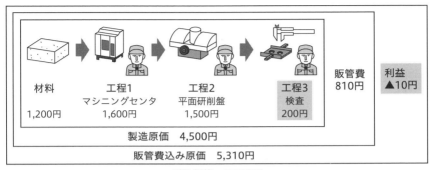

図 7-6 ▶ 検査追加後の A2 製品の製造工程と原価

製造原価が 200 円増加し、その結果販管費も 40 円増加したため、利益は 230 円から ▲ 10 円の赤字になりました。

ポイント 93 抜取検査の原価への影響は限定的

それまで A2 製品は出荷前に抜取検査を行っていましたが、費用を見積に入れていませんでした。この**抜取検査の費用**はいくらでしょうか？

製造ロット：100 個
抜取数：5 個
（JIS の抜取検査手順によれば、本来はもっと抜取数が必要ですが、実際はこれぐらいの抜取数で検査している工場はよくあります。）

1 ロット（5 個）の検査費用 ＝ 検査費用 × 検査個数 ＝ 200 × 5 ＝ 1,000 円

製品 1 個当たりの検査費用 ＝ $\dfrac{1 \text{ ロットの検査費用}}{\text{ロット数}}$ ＝ $\dfrac{1,000}{100}$ ＝ 10 円

抜取検査による製造原価の増加　10 円
（販管費の増加は低いため省略）

抜取検査により原価は 10 円増加しました。本来は見積に入れるべきですが、原価に占める比率が低いため多くの場合無視されます。

大量生産品の全数検査は赤字になることがある

A 社の切削加工は検査費用に比べて加工費用が高いのですが、それでも全数検査の追加によって 230 円の利益が▲ 10 円と赤字になりました。プレス加工や樹脂成形加工は加工時間が短いため、加工費用よりも検査費用の方が高くなってしまうことがあります。この場合利益はどうなるのでしょうか。

樹脂成形加工 B 社、B1 製品の製造原価と利益を**図 7-7** に示します。B1 製品のロットは 1 万個でした。

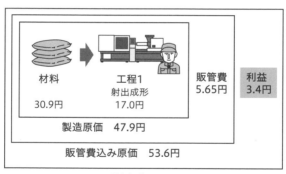

材料 30.9円
工程1 射出成形 17.0円
販管費 5.65円
利益 3.4円
製造原価 47.9円
販管費込み原価 53.6円
受注価格 57円

図 7-7 ▶ 検査追加前の B1 製品の製造工程と原価

材料費 30.9 円、製造費用 17.0 円、販管費 5.7 円で、利益は 3.4 円でした。

この B1 製品に全数検査を追加した場合の製造原価と利益を**図 7-8** に示します。

全数検査により検査費用 4.9 円製造原価が増えました。販管費も 6.2 円

に増加したため販管費込原価は 59.0 円になりました。受注価格が 57 円のため、2 円の赤字になりました。

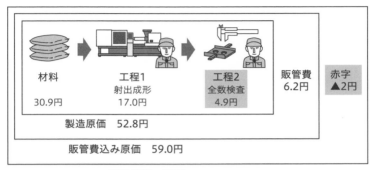

材料　30.9円
工程1　射出成形　17.0円
工程2　全数検査　4.9円
販管費　6.2円
赤字　▲2円
製造原価　52.8円
販管費込み原価　59.0円
受注価格　57円

図 7-8 ▶ 検査追加後の B1 製品の製造工程と原価

これが抜取検査の場合、

抜取数：20 個

$$1 ロット（20 個）の検査費用 = 検査費用 × 検査個数 = 4.9 × 20 = 98 円$$

$$製品 1 個当たりの検査費用 = \frac{1 ロットの検査費用}{ロット数} = \frac{98}{10,000} = 0.0098 円$$

検査費用は 0.0098 円なので無視できます。

プレス加工や樹脂成形加工は、加工中製品にキズや打痕がつくことがあります。製造条件を改善しても、キズや打痕をゼロにするのは難しく、顧客の要求が厳しければ、全数検査で不良品を除外するしかありません。しかし検査費用が見積に入っていなければ赤字になってしまいます。めっきや塗装など、外観が重視される製品でも同様の問題が生じます。

では、不良対策で追加した全数検査はどうすれば止められるでしょうか？

これについては次節で説明します。

3 流出防止の全数検査をやめたいが どうしたらよいだろうか？

　見積には入っていないのに全数検査を追加すれば原価は増えます。例え
ば不良が流出したため暫定対策として全数検査を行いました。その後再発
防止策が完了したため、全数検査は廃止したいところです。しかし顧客か
ら「100% 良品保証」を求められると全数検査を止められません。顧客も
簡単には「止めていい」と言ってくれません。こういった時、抜取検査、
全数検査を判断する基準として工程能力指数があります。

ポイント
95 **工程能力指数 Cp、Cpk が 1.33 以上あれば抜取検査に移行できる**

　工程能力指数 Cp、Cpk は、公差範囲に対する製品のばらつきを示す指標
です。Cp、Cpk は測定結果の平均値と標準偏差から以下の式で計算します。

$$Cp = \frac{T}{6 \times \sigma} \qquad K = \frac{|M - x|}{\frac{T}{2}}$$

$$Cpk = (1 - K) \times Cp$$

T：規格公差の幅
σ：標準偏差
M：規格の中心
X：平均値
K：かたより係数

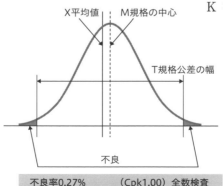

図 7-9 ▶ Cpk と不良率

- Cp は平均値のずれを無視して、公差範囲に対するデータのばらつきのみを表します。
- Cpk は公差の中心に対するデータの平均値の偏りを含めて、公差範囲に対するデータのばらつきを表します。

ここでは平均値の偏りも考慮して Cpk で説明します。Cpk の値と発生する不良率を**図 7-9** に示します。また Cpk と工程能力を**表 7-1** に示します。

表 7-1 ▶ Cpk と工程能力

Cpk の値	ばらつきの幅	工程能力	検査
1.00	± 3 σ	不安定	全数検査
1.00 ～ 1.33	～ ± 4 σ	まあ安定している	抜取検査
1.33 ～ 1.67	～ ± 5 σ	安定している	緩い抜取検査
1.67 以上	± 5 σ 以上	十分安定している	無検査

表 7-1 より Cpk が 1.33 以上であれば工程能力は十分にあり、抜取検査に移行できることがわかります。実際には Cpk1.33 は公差範囲に対してばらつきが非常に少なく、Cpk1.33 を達成するには工程を安定させてばらつきをかなり抑えなければなりません。

ポイント 96 突発的なヒューマンエラーは仕組みなどで対処する

工程能力指数で判断できるのは、データのばらつきと偏りです。しかし作業者がうっかりミスしてしまうヒューマンエラーは突発的に起きます。そのため工程能力を高めるのと並行して、ミスを起こさない作業方法やたとえミスしても後工程に製品を流さない仕組みのようなヒューマンエラー対策も行います。

また工程が安定しても、4M（Man：人、Machine：設備、Material：材料、Method：方法）の変化があると品質が不安定になります。そのため変化点管理の仕組みも必要です。

4 毎回設計がある製品、やり直しのため赤字になるのはどうすべきだろうか？

製造設備や搬送設備などの受注生産型の企業は、顧客の要望に基づき、製造設備や搬送設備を毎回自社で設計・製造します。初めて設計する製品では設計ミスや想定外の問題が起きます。そのため設計のやり直しや部品の再手配が発生し原価が見積よりも増えてしまいます。その結果、受注の時点では利益があったはずなのに赤字になってしまうということが起きます。これはどうしたらよいでしょうか？

ポイント 97 受注毎に設計費用、製造費用を管理する

想定外の問題や設計ミスの起きる頻度は、設計する製品の技術的な難易度や複雑さに関係します。そこで受注案件毎に材料費、設計費、製造費用の見積と実績を記録し、どの案件でどのくらいの差異が生じたかを調べます。

例えば、設備メーカーのD社、D1製品の見積は**図7-10**のようなものでした。

受注金額 28万円

図7-10 ▶ D1製品の見積

実績は、材料費、設計費用、製造費用が見積よりも増加し、0.8万円の赤字でした（**図7-11**）。

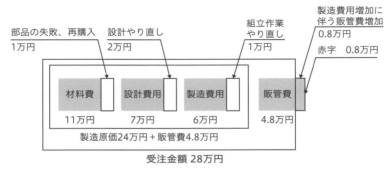

図 7-11 ▶ D1 製品の実績

 設計がミスなくうまくいくことが前提になっていないか確認する

この場合、見積の段階で設計費用、製造費用とも設計ミスや、やり直しが起きることを想定していませんでした。しかし新規に設計すれば設計ミスややり直しがゼロということはありません。つまり最初の見積は達成できない理想的な見積だったのです。本来は設計ミスがある程度発生する前提で、それでも利益が出る金額にする必要があります。

そのためには実際の費用が見積に対してどのくらいオーバーしたのか、受注ごとに記録します。その結果、**図 7-12** に示すように、製品 D1 は見積に対して 130％、D2 は 100％、D3 は 140％、D4 は 110％、平均すると 120％でした。つまり利益を確保するためには、現状の見積に対して 20％プラスしなければなりません。

このように書くと「設計ミスがあることがおかしい！設計が頑張ってミスをなくすべきだ！」という意見が出ます。それは当然で設計ミスややり直しを減らす努力は必要です。しかし現実に設計ミスややり直しが発生しているのも事実です。それを認めた上でそれでも利益が出る見積にしなければ事業が継続できません。このミスを考慮してその分見積を高くするのはミスを起こした設計者からは言いにくいため、管理者が決定します。

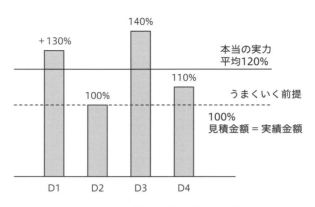

図 7-12 ▶ D 社の見積に対する実績

見積精度を高める調査を行い、仕組みをつくる

　毎回設計がある製品で利益を増やす最大のポイントは見積の精度を高めることです。いくら顧客と交渉して希望価格で受注できても、実際の設計費用が2倍3倍になれば赤字になってしまいます。しかし設計やプログラミングのような作業の工数見積は簡単ではありません。しかも顧客の要求が厳しく難易度が高ければ、できあがった製品が仕様通りに機能せず、設計のやり直しや再度の組立・調整が発生します。

　つまり
- 見積精度を高めるために、設計や製造費用の実績を集計し見積との乖離を調査
- 調査結果を設計や製造費用の見積に反映させる PDCA の仕組みをつくる
- 過去の見積と実績の乖離から、見積に下駄をはかせる量を決める
等が必要です。

　それでも顧客の要求が非常に高く、開発的な要素があれば見積通りにはいかなくなります。これについては次節で述べます。

5 要求が高く失敗する可能性が高い案件は受注しない方がよいだろうか？

　顧客の要求に基づいて設計・製造する受注生産型の企業では、過去に経験のある技術の製品や実績のある製品であれば、難易度がわかり失敗のリスクも予測できます。しかしこれまでに経験のない製品や従来の技術ではできない場合は、リスクを予測できません。こういった場合は正確な見積は難しく、予期せぬ失敗で大きな赤字になってしまう可能性もあります。こういった案件は受注しない方がよい気がします。

　しかし難易度が低い案件は他にできる会社も多く、価格競争になります。また難易度が低い無難な案件ばかり受注していれば、新しい技術が自社に蓄積されません。こういった場合、どう考えればよいでしょうか？

ポイント 100　失敗費用の本質は開発費

　他社と差別化するために自社の技術力を高める方法は
- 自ら開発テーマを定めて研究開発
- 顧客から難易度の高い案件を受注し、それを実現する

この2つがあります。

　しかし専任の開発チームがない場合、生産が優先され自主テーマでの研究開発は中々進みません。そこであえて難易度の高い案件を受注し、そこで起きる失敗や問題を解決すれば、自社の技術力を高めることができます。納期も決まっているため期限までに必ず完成しなければならず、開発スピードも早くなります。この場合、やり直しのため予定をオーバーした金額は「開発費」の意味もあります。

　ただし難易度が高いといっても、技術的なレベルアップが必要なのか、顧客の要求が現実を無視した実現困難なものなのか、その違いには注意が必要です。前者は自社のレベルアップになりますが、後者は技術的には無理なことを実現するために多大な努力が必要な反面、新たな技術は得られ

ません。こういった案件は避けます。一方、前者の場合、失敗のリスクを
含めて見積をつくると高すぎてしまいます。

　例えば D 社、D5 製品は、見積は設計費用 5 万円、製造費用 5 万円でした。
しかし失敗のリスクがあり、もしやり直しになれば設計費用、製造費用が
2 倍になる可能性がありました。かといって失敗費用を含めれば見積は 38
万円になってしまい、これでは受注できません。そこで失敗のためにオー
バーする金額は除外して見積を作成します（**図 7-13**）。

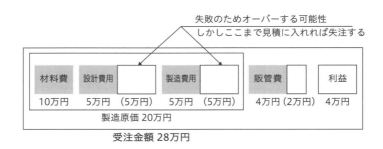

図 7-13 ▶ リスクの高い案件

　受注して設計・製造した結果、やはり問題が起きて設計・製造はやり直
しになりました。**図 7-14** に示すように、設計費用・製造費用はそれぞれ
2 倍になり、製造原価は 30 万円になりました。

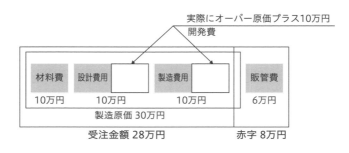

図 7-14 ▶ リスクの高い案件の実績

しかしこのオーバーした 10 万円は自社がその技術を得るための開発費

でもあります。そして次回同様の引き合いがあった場合は、すでに技術は完成しているため、大きな失敗をすることはありません。この点、前節で述べた毎回設計することで発生する費用とは異なります。

ポイント 101 ▶ リピート受注では開発費分は除外する

このオーバーした 10 万円は開発費であるため、次回の見積からは除外します。10 万円の費用をかけて新たな技術を得たわけです。つまり、

図 7-15 ▶ 次回の見積

- 受注製品型の企業で独立した開発部門がない場合、自主テーマによる技術開発は進まないことが多い。
- 失敗して赤字になる可能性がある案件でも、それによって新たな技術の獲得など自社のレベルアップにつながるものであれば、受注するメリットは大きい
- 難易度の高い案件でも顧客の要求がムリなだけという案件は要注意
- 難易度の高い案件で見積をオーバーした金額は開発費でもある
- このオーバーした金額は次回は発生しないため見積から除外する

ということです。

ただし、この 10 万円を開発費や試験研究費として計上できるかどうかは難しいものがあります。製品の製造と開発が同時に行われるため、税務上開発費と見られないためです。開発費、試験研究費のメリットについては、P.197 COLUMN ◆9 を参照願います。

6 イニシャル費の回収不足は原価にどう影響するのだろうか？

　新たに生産をするために金型や治具が必要なことがあります。これらの費用は生産開始前に発生するため「イニシャル費」と呼びます。イニシャル費は他にも設計やプログラムの費用などがあります。イニシャル費のうちで例えば金型の費用は一般的には発注先が負担します。**図 7-16** のように生産開始前に、顧客は金型メーカーまたは部品メーカーに金型を発注します。部品メーカーに金型を発注した場合、金型完成後、顧客は金型費用を部品メーカーに支払います。しかし金型はそのまま部品メーカーに預けておきます。部品メーカーは顧客から金型を「預かって」部品を生産します。その場合、金型は顧客の資産です。

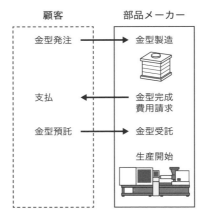

図 7-16 ▶ 量産開始までのプロセス

　これに対して金型の費用を部品メーカーに金型費として支払わず、発注する部品の価格に金型費用を上乗せして支払うことがあります。この場合、金型は部品メーカーの資産です。ただし金型代は部品代の中から回収しなければ赤字になってしまいます。

回収不足を防ぐには累計受注量を管理する

　金型費用を部品価格に上乗せして回収する場合、回収期間とその間の生産数から上乗せ金額を決定します。**図 7-17** に樹脂成形加工 B 社が B3 製品の生産を開始する場合の金型費と部品代の例を示します。

量産開始前
金型費　240万円
回収期間　2年間
累計生産数　240万個（10万個/月）
製品1個あたり上乗せ金額　1円

量産開始
1年目

| 10万個 金型費回収10万円 | 10万個 金型費回収10万円 | |
| 1月目 | 2月目 | 3月目 |

1年間合計
120万個
（金型費120万円）

2年目

| 10万個 金型費回収10万円 | 10万個 金型費回収10万円 | |
| 1月目 | 2月目 | 3月目 |

1年間合計
120万個
（金型費120万円）

3年目　　金型費回収完了
受注価格　マイナス1円

図 7-17 ▶ 金型費の回収プロセス

　2 年間で 240 万個受注することで金型費 240 万円を回収します。金型の法定耐用年数は 2 年のため、この間に減価償却が完了します。

　ところが**図 7-18** に示すようにこの部品が生産開始後 1 年で中止になりました。1 年で回収できた金型費は 120 万円です。残り 120 万円回収不足のため、この 120 万円は顧客に別途「金型補償代」として請求しなければなりません。

　それには生産開始からの累計生産量を記録して 2 年後に 240 万個に達したかどうか確認しなければなりません。こう書くと簡単ですが、実際は部品メーカーには多くの金型と部品があり、部品毎に発注量は変動します。

そのため、手間のかかる作業です。

　一方顧客も累計発注量を管理して、もし予定よりも短い期間で予定数量に達した時は、イニシャル費の分価格引き下げをしなければなりません。従ってイニシャル費を部品価格に上乗せして支払う方法は、受注側、発注側の双方に手間のかかる方法です。

量産開始

1年目			
10万個 金型費回収10万円	10万個 金型費回収10万円		1年間合計 120万個 （金型費120万円）
1月目	2月目	3月目	

2年目　　生産中止

金型費回収不足 120万円（金型補償代120万円を請求）

図 7-18 ▶ 途中で生産中止した場合

　つまり
- イニシャル費を分割して回収する場合は一定期間内の累計生産量と、期間内に累計生産量に達しなかった場合の金型補償代の支払いを取り決め
- 生産開始後は累計生産量を管理

することです。

ポイント
103 ▶ **開発品のイニシャル費は仕様変更時に必ず改定価格を出す**

　一方金型などイニシャル費用で問題となるのは、最初の見積と発注までの間に何度も仕様変更が発生することです。例えばB3製品の金型は、**図7-19** に示すように最初の仕様の見積は 160 万円でした。しかし開発中に問題が起きたため部品の形状を変更しました。変更は 3 回あり、金型費はそれぞれ 20 万円、10 万円、50 万円、合計 80 万円増加しました。

　そこで最終仕様が決定した後で 240 万円の見積を出すと「最初 160 万円だったのに、240 万円では高すぎる！」と言われてしまいます。なぜなら

顧客は仕様変更により価格が高くなることはわかっていましたが、もっと低い金額だと思っていたからです。これは「人は自分に不利になることは控えめに予想する」性質があるためです。顧客は仕様変更を3回行って、価格の上昇は40万円ぐらいと見込んでいました。そうなると200万円を希望する顧客と240万円が必要な自社との価格交渉になってしまいます。

　これを避けるためには、仕様変更があった際は必ず改定価格を顧客に連絡することです。顧客は改定価格を見ることで頭の中の価格が書き換えられます。例えその改定価格に納得していないとしても、これを繰り返すことで最後の240万円を妥当に感じるようになります。

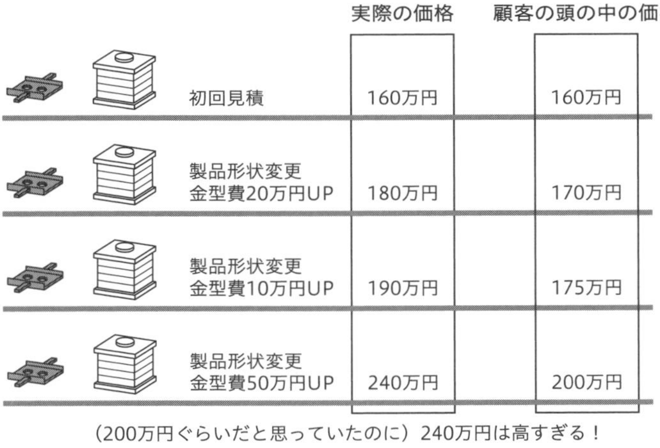

		実際の価格	顧客の頭の中の価格
	初回見積	160万円	160万円
	製品形状変更 金型費20万円UP	180万円	170万円
	製品形状変更 金型費10万円UP	190万円	175万円
	製品形状変更 金型費50万円UP	240万円	200万円

（200万円ぐらいだと思っていたのに）240万円は高すぎる！

図 7-19 ▶ 金型の設計変更

　しかし1人で顧客と打合せをしていると、その場では仕様や技術的な内容の打合せが優先され、価格は後回しになります。改定価格をその場で提示できなければ、後日連絡しますが、それも忘れてしまいます。これを防ぐには仕様や技術的な打合せの担当者と、価格を連絡する担当者を変えます。打合せが終われば、その打合せの内容を価格を連絡する担当者に伝えて、顧客に連絡してもらいます。

大量生産と不良ゼロの要求

　大量生産では不良の発生は避けられません。現代の工場は品質を高めるように日夜努力し、不良率は低くなりましたが、それでもゼロではありません。そこで発生した不良品は検査で除外します。しかし抜取検査では不良を100%除外することはできないのです。**図7-20**に樹脂成形加工 B 社、B2 製品 1,000個を抜取検査した場合を示します。不良率 1%（1,000 個中 10 個）までを合格としました。

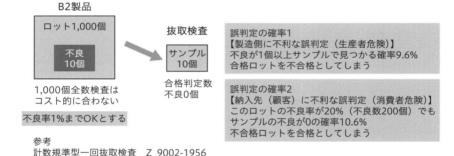

図7-20 ▶ 抜取検査は一定の確率で誤判定が生じるのを避けられない

　このロットは 1,000 個中不良 10 個なのでギリギリ合格です。しかし 9.6%の確率でサンプル中に不良品が 1 個入り合格ロットを不合格と判定します。一方このロットが不良率 20%(1,000 個中 200 個不良）だった場合でも、10.6% の確率でサンプル中の不良がゼロになり不合格ロットを合格と判定します。このように抜取検査は一定の確率で誤判定が起きることは避けられないのです。

　だからといって、人による検査は見逃しがあるため全数検査も万全ではありません。実は私たちが購入している多くの商品は顧客に対し「100% 良品」と保証されていません。もし不良品があった場合は、メーカーは無償修理をして

顧客に「補償」することで対応しています。自動車でも新車は「保証期間は 1年、その間故障した場合は無償修理」という対応で、不良は起こる前提です。（エンジンやトランスミッションなどは 5 年間、5 万 km の保証。）

　しかし今日では品質に対する顧客の要求は厳しく、重大な不良はリコール（市場から回収）になり多額の損害が生じます。そのためメーカーはサプライヤーに対して「100% 良品」を求めます。「納入部品は不良ゼロ」という前提があるため、いったん不良品が流出すると全数検査やダブルチェックが行われ、それが継続してコストを引き上げます。

　実際は人が検査する以上、見逃しゼロは困難です。またロットが大きければ全数検査はコスト的に合わないため、抜取検査を行わざるを得ません。

　そこで、品質を維持してコストを上げないために、以下の取り組みが必要です。

- ばらつきを抑えて工程能力を高める。Cpk1.66 以上になれば現実的には不良はほとんど発生しない。
- 4M（人、設備、材料、方法）の変化点では重点的に品質を確認する。
- ばらつきを抑えても人のうっかりミスによる不良は起こりうるので、ヒューマンエラー対策を確実に行う

第 **8** 章

改善活動と
コストダウンに
関する疑問

1 部品の共通化と一体化はコストダウンにどのような効果があるだろうか？

コストダウンの定石に「部品の共通化」や「一体化」があります。設計時点で、すでにある部品を流用すれば、新たに図面を描く必要がないため、部品の種類を増やさずにすみます。しかし流用できる部品を探し、流用しても問題ないかを調べるのは手間がかかります。納期が迫っている場合、それよりも新たに図面を描いた方が早く出図できます。こうして部品の種類は増え続け、資材や受入など間接部門の負荷が増えていきます。

あるいは複数の部品を一体化すれば、加工コストが低減でき、部品の種類も少なくなります。では部品の共通化や一体化によるコストダウン効果はいくらでしょうか？

ポイント 104 部品の共通化でコストダウンする

A 社の A1 部品と A2 部品を共通化した場合を検討します（**図 8-1**）。

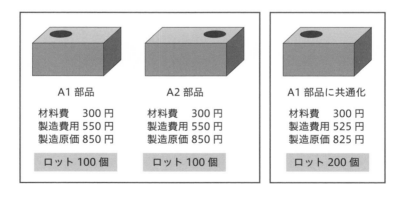

図 8-1 ▶ A1 部品と A2 部品を A1 部品に共通化

A1 部品に共通化した結果、ロットは 2 倍の 200 個になりました。これにより製造費用は 525 円と 25 円（4.5%）安くなり、製造原価も下がりま

した。つまり過去の図面を調べて部品を流用できるように設計しただけ
で、コストを 4.5％低減できました。

　第 6 章 3 節で述べたように、ロットがそれほど大きくない場合、ロット
をまとめることで大きなコストダウン効果が出ます。そのため部品の共通
化の効果は高く、新たに図面を描かなければ設計ミスも起きません。

ポイント 105　部品の一体化によるコストダウンを検討する

　A 社は、A3 部品と A4 部品を 2 本のボルトで組み立てていました。A3
部品と A4 部品の製造原価は A1 部品と同じ 850 円です。この 2 つの部品
を一体化した場合のコストダウンを計算します。一体化は以下の 3 つの効
果があります。

①　A3 部品と A4 部品を合わせるそれぞれの面は一体化すれば加工する
必要がない

②　2 つの部品を組み立てるためのネジ、穴加工が不要になる

③　2 つの部品を組み立てる作業が不要になる

　A3 部品と A4 部品を一体化した部品を A5 部品とします。仮に A5 部品
の加工時間は A3 部品と A4 部品の合計の 90％とします（**図 8-2**）。

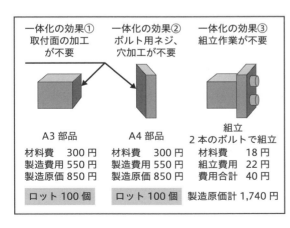

図 8-2 ▶ A3 部品と A4 部品を一体化

A3 部品と A4 部品の製造原価合計
= 850 + 850 + 40 = 1,740 円
A5 部品の製造原価
1,550 円

　一体化により製造原価は 1,740 円から 1,550 円と 190 円（11％）減少しました。一体化の効果は、加工方法、組立方法、アワーレートで変わるため一概には言えません。しかし機械加工などは、工作機械が進歩し複雑な形状も加工できるようになってきています。多少複雑な形状になっても、一体化できれば一度に加工できるため、加工コストが下がります。組立のような後工程がなくなるため、工程間の仕掛もなくなりリードタイムが短くなります。また加工精度の点でも一体化した方が有利です。

参考表：《計算の詳細》
マシニングセンタ：アワーレート段取（人 + 設備）5,000 円 / 時間
マシニングセンタ：アワーレート加工（人 + 設備）5,000 円 / 時間
組立：アワーレート加工（人）2,200 円 / 時間
材料費　300 円
材料費　ボルト　18 円（1 本 9 円）

表　計算の詳細

		A1 部品	組立費	A5 部品	共通化
a ロット数		100	100	100	200
b アワーレート（段取）	（円 / 時間）	5,000		5,000	5,000
c 段取時間		1		1	1
d 1 個段取時間	c / a	0.01		0.01	0.005
e 段取費用	d × b	50		50	25
f アワーレート（加工）	（円 / 時間）	5,000	2,200	5,000	5,000
g 加工時間（時間）		0.1	0.01	0.18	0.1
h 加工費用（円）	f × g	500	22	900	500
i 製造費用（円）	e + h	550	22	950	525
k 材料費		300	18	600	300
l 製造原価（円）	i + k	850	40	1,550	825

2 公差の見直しは原価に どのように影響するだろうか？

　工程能力に対して要求精度が厳しければ不良率が上がります。寸法精度が± 0.01mm になれば、温度や測定箇所でも測定値が変わります。その結果、出荷検査でギリギリ合格したものが客先で不合格になることもあります。こうした場合は出荷検査の基準をより厳しくします（内側管理）。

　そして不良率が高くなれば損失金額も増えます。しかし単に「厳しい公差を緩和して欲しい」と顧客に言ってもなかなか聞いてもらえません。そこで「公差を緩和すれば○○円コストが下がる」と具体的な金額で VE 提案をすれば、前向きに取り組んでもらえます。

ポイント 106　公差範囲を限定して不良率を下げる

　機械加工部品の場合、全ての範囲に公差が必要ないことがあります。そこで公差範囲を限定すれば不良率を下げられます。

　A 社の A6 部品に平面度 0.01mm という厳しい公差が入っていました。この部品は客先で**図 8-3** のように 3 つの部品が取り付けられます。従って平面度 0.01mm が本当に必要なのは図のグレーの部分のみ（全体の面積の 20%）でした。

　しかし図面では面全体に平面度公差が入っているため、グレー以外の部分の平面度が 0.01mm を超えても不良になってしまいます。そこで図面指示を変更し、公差範囲をグレーの部分に限定すれば不良率を下げられます。不良率が下がれば原価も下がります。この変更により不良率が 1%（1/5）になれば、図 8-3 に示すように、損失金額は 400 円→ 80 円になって 320 円コストダウンできます。

　部品がどのように使われているかは図面だけではわからないため、日頃から顧客とこういった情報をやり取りできる関係をつくっておきます。

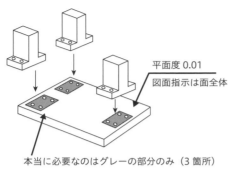

平面度 0.01

図面指示は面全体

本当に必要なのはグレーの部分のみ（3箇所）
グレーの部分の面積は全体の20%

製造原価 8,000円　　ロット 200個

【面全体に公差指示】

不良率5%（不良数10個）
損失金額　=8,000×10＝80,000円
1個当たりの損失金額
＝80,000／200＝400円

【グレー部のみ公差指示】

不良率1%（不良数2個）
損失金額　＝8,000×2＝16,000円
1個当たりの損失金額
＝16,000／200＝80円

図8-3 ▶ 公差範囲の変更の効果

ポイント
107 加工工程の削減をお金に変える

　機械加工では「薄い」「細い」形状は加工時にひずみが起きやすく高い
精度で仕上げるのは困難です。**図8-4**のような薄い板に対し平面度0.01mm
が求められれば、1回の仕上げ加工では反りが残ってしまいます。そこで
表面と裏面を交互に複数回加工しなければならず、加工費用が高くなりま
す。この場合公差を平面度0.01mm → 0.02mmに緩和すれば加工回数が減
りコストが下がります。

　そして加工費用は3.750円から2,900円と850円（23%）減少しました。
そこで「公差を0.02mmに緩和すれば850円のコストダウンが実現する」
と顧客に提案します。

　私の経験では、0.01mmと0.02mmの違いが原価にどのくらい影響する

かを理解していない設計者もいて、こうした設計者は品質リスクを避けようと厳しい公差を入れる傾向にありました。これが過剰品質を引き起こし、コストを引き上げてしまいます。結果的に高コストの部品を低いコストで製造するように部品メーカーに要求してしまいます。

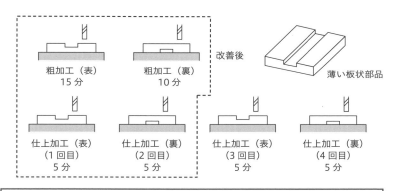

材料費　1,000 円 アワーレート加工（人 + 設備）5,000 円／時間

【改善前】

粗加工時間　25 分
仕上加工時間　20 分（5 分 × 4）
合計　45 分（0.75 時間）
加工費用
= 0.75 × 5,000 = 3,750 円
製造原価
= 1,000 + 3,750 = 4,750 円

【改善後】

粗加工時間　25 分
仕上加工時間　10 分（5 分 × 2）
合計　35 分（0.58 時間）
加工費用
= 0.58 × 5,000 = 2,900 円
製造原価
= 1,000 + 2,900 = 3,900 円

図 8-4 ▶ 公差変更の効果

　こうした状況に対し「公差が厳しいので緩和して欲しい」と訴えてもなかなか聞いてくれません。そこで「公差を緩和すれば原価が○○円下がる」と VE 提案の形にして検討してもらいます。

　一方、こうした改善活動を継続しても、思ったほど利益が増えないことがあります。なぜでしょうか？

　これについては次節で説明します。

3 なぜ改善活動を続けても 利益が増えないのだろうか？

A 社は改善活動を継続していて、その効果を合計するとかなりの金額になりました。しかしこれだけ改善活動を行っていても決算書の利益は増えていません。これに対し現場は「利益が増えないのは自分たちの問題ではない」と思っています。どうすれば改善の成果を利益に反映できるのでしょうか？

ポイント 108 ▶ 生産量が増えるか、人件費が減らない限り、利益は増えない

A 社では A1 製品の平面研削盤（工程 2）の加工条件を見直して加工時間を 0.05 時間（3 分）短縮しました。この時のコストダウンは以下のようになります。

製造時間：0.3 時間（18 分） → 0.25 時間（15 分）マイナス 0.05 時間
製造費用：1,500 円 → 1,250 円 （マイナス 250 円）
（アワーレート 4,900 円 / 時間）
年間生産量 20,000 個
コストダウン効果 250 × 20,000 ＝ 500 万円

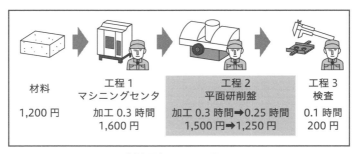

製造原価 4,500 円➡4,250 円

図 8-5 ▶ 工程時間短縮の例

　実際は 1 日の出来高はマシニングセンタ（工程 1）が 0.3 時間かかるため変わりませんでした。平面研削盤の作業者は 3 分余裕ができたため、空いた時間は完成した製品の検査を行っていました（**図 8-5**）。

　従って出来高も人の数も変わらないため、原価は変わりませんでした。

　改善活動の成果を原価に反映するためには、

- 時間当たりの生産量が増える
- 空いた時間に別のお金を稼ぐ作業を行う
- 人を減らす

このいずれかを行わなければなりません。

　ライン生産では、3 つの工程の間の作業内容を調整して作業時間のバランスを取ります。しかし、今回の場合、設備と作業内容が異なるので、1 工程から 2 工程に作業を移すことができません。一方、この製品は 1 個流しでなく 1 日分をロット生産しています。そこで工程 2 平面研削盤の手前に 1.5 時間分仕掛品を貯めておき、1 日分を先行して加工します。平面研削盤は 6.5 時間で完了するので、余った 1.5 時間は毎日別の現場に応援に行きます。あるいは始業から 1.5 時間は別の現場に応援に行き、その後平面研削盤の加工を行います。このように改善して加工時間が短くなった分、お金を稼ぐ別の作業をしなければ改善が利益につながりません（**図 8-6**）。

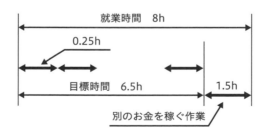

図 8-6 ▶ 改善をお金に換える

以前ある会社の組立ラインを見学した時、ある行程の作業者は組立が終

わって次の製品にかかるまでの約5秒くらいの間、そばにあったプレートにボルトを入れていました。これはこのラインの作業ではありませんが、手が空いた5秒の間も無駄にせず、別の製品の組立準備を行っていたのです。「ここまで徹底しているのか」と驚きました。

付加価値を増やすまでが改善活動

　組立作業の場合、改善によりある工程の作業時間が短くなっても、他の工程の時間も短くならなければラインのタクトタイム^{注1}は変わりません。**図8-7**は組立ラインの中で2工程の時間を0.5分短縮しました。しかしこのままでは1工程、3工程の作業時間は2分なのでタクトタイムは2分のままです。その結果2工程の作業者は手待ち時間が増えます。そしてこれを放置しておくと、いつの間にか2工程の作業時間は2分になってしまいます。

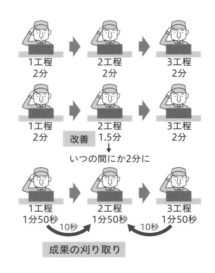

図8-7 ▶ ライン作業の改善成果の刈り取り例

　そこで作業の分配を見直し、1工程から10秒分の作業を2工程に、3工程から10秒分の作業を2工程に移します。各工程の作業時間が1分50秒

になりライン全体のタクトタイムは 1 分 50 秒と 10 秒短縮します。その結果、コストダウン効果は

$$コストダウン効果 = \frac{短縮時間}{短縮前のタクトタイム} = \frac{10/60}{2} = 0.083 = 8.3\%$$

となりました。タクトタイムが 2 分から 1 分 50 秒と 10 秒短縮されたため、生産量も 8％増加しました。

ポイント 110 ▶ 改善を促す努力を続ける

　改善活動が進むと次第に改善のアイデアが出なくなります。目に見えるムダが解決されると今の作業がベストに思えてくるからです。そこで「作業スピードを上げる」、「作業者の人数を減らす」などを行います。今より厳しい条件になると、今まで隠れていた問題が見えてきます。作業スピードを上げると、今まで気づかなかった「やりにくい作業」や「スピードについていけない作業」が出てきます。あるいは作業者の人数を減らしても、同じ出来高を維持しようとすれば「やりにくい作業」が見つかります。そこを改善します。こういったことは担当者が自ら行うことはないため、管理者が行わなければなりません。あるいは専任の改善メンバーが現場を観察して「人を抜ける」箇所を見つけて強制的に人を抜く会社もあります。

　つまり改善を進めるためには、多品種少量生産であっても目標時間の設定は重要です。見積の段階で何らかの方法で製造時間を出しているはずです。そこで、この時間を目標時間として作業者に伝えます。

　ところが現場の予定が混乱して目標時間どころではない場合があります。この現場の混乱については次節で説明します。

注1　タクトタイムとサイクルタイムは様々な定義がありますが、本書は以下のように定義します。
　　《サイクルタイム》
　　各工程の 1 回の作業時間。工程毎の時間が同じでなければサイクルタイムはバラバラになります。
　　《タクトタイム》
　　ライン全体の 1 サイクルの時間。サイクルタイムが一番長い工程の時間がライン全体のタクトタイムになります。他にもタクトタイムの定義はありますが、本書はこの定義とします。

4 受注の変動が大きく調整が大変だが、どうしたらよいだろうか？

　受注の変動が大きければ生産能力は受注が多い時に合わせなければなりません。例えば**図8-8**の場合、生産量が定時の生産能力を超えれば残業や休日出勤で対応します。一方受注が減少した時は稼働率は60％まで低下しています。稼働率が低下すればアワーレートが高くなりコストアップになります。

　製造業は固定費の比率が高いため、利益を最大化するには工場の生産能力と同じ量の受注量が毎月あるのが望ましいです。つまり生産を平準化することです。

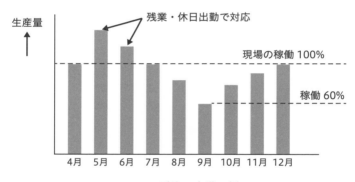

図8-8 ▶ 受注の変動の例

　しかし受注量は顧客の都合によるため平準化は困難です。またこれは業界によっても違います（平準化についてはP.176 COLUMN◆8参照）。

ポイント111　在庫を活用して受注の変動を吸収する

　そこで在庫を活用して受注の変動を吸収します。**図8-9**のように受注が生産能力を上回った時は在庫で対応します。受注が減少して稼働率が低下した場合は在庫を生産します。ただし在庫は完成品で持つようにし、各

工程間の在庫（仕掛品）はできる限り少なくします。

　一方、在庫は将来の受注を予測して余分に生産することです。予測が外れれば在庫はいつまでも売れずに資金繰りを悪化させます。そのため過去の受注量の変動を調べて在庫量は慎重に決定します。

　製品の種類が非常に多いと在庫の種類も増え、死蔵在庫のリスクが高くなります。また在庫の量も多くなります。その場合在庫は完成品ではなく、完成品の手前の半完成品で持ちます。例えばパソコンは同じモデルでもCPU、メモリ、ハードデイスク、ディスプレイのバリエーションがあるため、完成品の種類は非常に多くなります。そこでマザーボード、CPU、メモリ、ハードデイスク、ディスプレイなどの各ユニットを在庫し、組立は受注してから行う受注生産（BTO : Build to Order）で行っています。

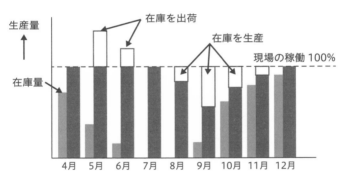

図8-9 ▶ 在庫による生産の平準化

ポイント
112 　在庫の活用によってコストダウンを図る

　在庫を活用して生産が平準化すれば、コストダウン効果はどれくらいになるでしょうか。

　A社は在庫を活用することで人と設備の稼働率が60％ → 80％に向上しました。

稼働率が上がった結果、マシニングセンタのアワーレートは

アワーレート（人）：4,200 → 3,300 円／時間

アワーレート（設備）：2,000 → 1,700 円／時間

A1 製品の原価は

稼働率60％　980 円

稼働率80％　850 円

となり、製造原価が130 円（13％）減少しました。

　在庫の保管費用、資金調達費用（金利）が増えますが、在庫の活用により大きなコストダウンが得られました。

　ただし、これをお金に換えるには、在庫によってピークの生産量が減少した分、余剰な生産能力を減らさなければなりません。具体的には人員を他の現場に移動したり、能力に余裕ができた設備に他の製品の生産を入れたりします。

　一方、需要予測が外れた場合、在庫が長期間滞留するリスクがあります。滞留が長期化すれば在庫が陳腐化し売れなくなります。あるいは設計変更により在庫が売れなくなるリスクもあります。

　このように在庫にはメリットとデメリットがあります。それを比較して在庫をうまく活用します。

参考表：《計算の詳細》
マシニングセンタ
稼働率 80％
アワーレート段取（人）3,300 円／時間
アワーレート加工（人）3,300 円／時間
アワーレート段取（設備）1,700 円／時間
アワーレート加工（設備）1,700 円／時間
アワーレート段取（人＋設備）3,300 ＋ 1,700 ＝ 5,000 円／時間
アワーレート加工（人；設備）3,300 ＋ 1,700 ＝ 5,000 円／時間
稼働率 60％
アワーレート段取（人）4,200 円／時間
アワーレート加工（人）4,200 円／時間
アワーレート段取（設備）2,000 円／時間
アワーレート加工（設備）2,000 円／時間
アワーレート段取（人＋設備）4,200 ＋ 2,000 ＝ 6,200 円／時間
アワーレート加工（人＋設備）4,200 ＋ 2,000 ＝ 6,200 円／時間
材料費　300 円

表　計算の詳細

		稼働率 80％	稼働率 60％
a ロット数		100	100
b アワーレート（段取）	（円／時間）	5,000	6,200
c 段取時間		1	1
d 1 個段取時間	c／a	0.01	0.01
e 段取費用	d × b	50	60
f アワーレート（加工）	（円／時間）	5,000	6,200
g 加工時間（時間）		0.1	0.1
h 加工費用（円）	f × g	500	620
i 製造費用（円）	e ＋ h	550	680
k 材料費		300	300
l 製造原価（円）	i ＋ k	850	980

COLUMN ◆ 8

受注の平準化は困難

　生産を効率化するには受注の平準化が非常に重要です。特に「かんばん」は受注が平準化していなければ、必要なかんばん枚数が変動して運用は困難です。ところがどうやったら受注が平準化できるか書いてある本はあまりありません。それは業界の特性と自社（又は客先）の販売力で決まってしまうからです。

　その点で自動車は極めて特殊な商品です。その理由は顧客を何か月も待たせることができる商品だからです。顧客を何か月も待たせることができるから、メーカーは1日の生産量を固定できます。その結果、サプライチェーンの末端の部品メーカーまでかんばんを使って最小限の仕掛品で生産することができます。

　顧客が何か月も待ってくれるのは、次の2点があるからです。

• 自動車が趣味性が高い商品で、納期が長くても顧客は他の製品に乗り換えない
• 買い替え需要が多く、納期が長くてもあわてて手に入れる必要がない

　しかもトップのトヨタ自動車は車種が豊富で販売力もあるため、常に一定量を販売することができます。これが他のメーカーでは車種が限られ、販売力もトヨタ自動車ほど強くないため、受注が変動します。実際トヨタ自動車以外のメーカーは取引している部品メーカーへの納入指示数が日によって大きく変動します。そのためこれらの部品メーカーは「ある程度在庫を持たなければ対応できない」と言っています。

　しかし他の製品では、顧客は何か月も待ってくれません。エアコンの納期が3か月かかれば顧客は他のメーカーの製品を買います。従って生産の平準化は製品によっては難しく、下請けの部品メーカーは発注先の注文の変動に対応するために、柔軟な生産体制の構築や在庫を活用しなければなりません。

　一方、季節性の高い商品でも平準化生産と柔軟な生産体制で対応しているメーカーもあります。石油ファンヒーターのダイニチ工業（株）は、石油ファンヒーターを通年平準化生産しています。ただしそれだけでは売れ筋商品の予測が外れた場合、欠品を起こします。そこでシーズン中は当日注文が入った商品は、当日生産、当日出荷という超短納期生産体制も敷いています。

第 **9** 章

意思決定における
原価の疑問

1 赤字の大きい製品、受注すべきだろうか？

　受注価格が大幅な赤字になりました。受注しない方がよいのでしょうか？

受注価格によって赤字の意味は変わる

　実は金額の大きさで赤字の意味が変わります。A 社、A1 製品の受注価格と赤字の意味を**図 9-1** に示します。見積金額 1080 円で受注した場合、利益は 80 円でした。

- 受注金額 1,000 円、利益 0 円
- 受注金額 850 円、150 円赤字（販管費ゼロ）
- 受注金額 300 円、700 円赤字（製造費用、販管費ゼロ）

となります。

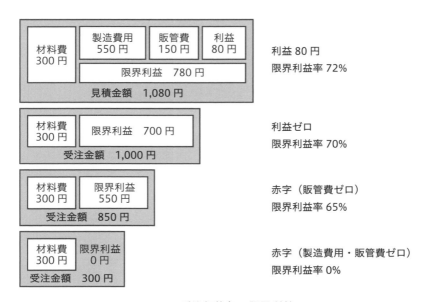

図 9-1 ▶ 受注価格毎の限界利益

178

　大幅な赤字でも受注価格が 300 円を超えれば固定費を少しでも回収できます。そのため受注するメリットがあります。ただし 300 円プラスアルファのような金額は顧客の価格相場を引き下げてしまい、次回受注が潤沢になっても元の価格に戻せなくなります。そのため値下げは慎重に行います。

ポイント 114　赤字でも限界利益合計が大きければ受注すべき

　では原価が同じで販売量が違う場合、どちらを優先すればよいでしょうか？

　A2 製品は A1 製品と同じ原価で、受注価格が 980 円と 20 円赤字でした。ただし受注量は A1 製品が 5,000 個、A2 製品が 20,000 個です（図 9-2）。

　この場合、限界利益合計が大きい方が固定費を多く回収し、会社にお金が残るため、そちらを優先します。

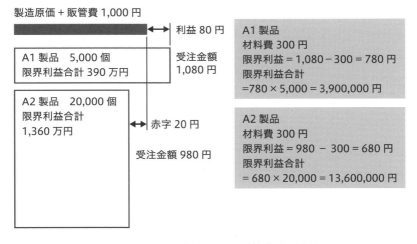

図 9-2 ▶ A1、A2 製品の限界利益合計の比較

　限界利益合計は A1 製品が 390 万円、A2 製品が 1,360 万円で A2 製品の方が 970 万円多く、その分固定費が多く回収できます。そこで次のように判断します。

- その月の受注が少なく固定費の回収が不足するならば A2 製品を受注
- その月の受注は十分あり固定費が回収できる見込みがあれば、利益の多い A1 製品を受注

ポイント 115 価格を下げて受注数を確保しなければならない場合、段階的に価格を下げる

　設備業界のように需要の変動が激しい業界は、需要が少ない時は競合各社が価格を下げて受注量を増やそうとします。しかし下げすぎれば赤字案件が増えて利益が出ません。このような場合、限界利益の合計を管理します。その月の限界利益合計が少なければ、固定費の回収が不足し赤字になります。その場合は価格を下げてでも受注量を増やします。もし製品のリードタイムが長い場合は、月毎でなく年間でもよいです。

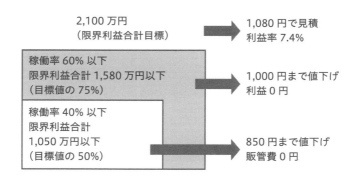

図9-3 ▶ 限界利益総額と値下げの例

　図9-3 の A 社は加工事業の月毎の売上目標が2,900万円、これから毎月の限界利益の目標値は2,100万円でした。限界利益2,100万円の場合、利益は210万円になります。これに対し例えば限界利益合計の目標値を75%、50%に設定します。

- 限界利益合計 75％ 1,580 万円、310 万円の赤字、稼働率 60％以下
  →受注価格 1,000 円まで下げて受注量を増やす
- 限界利益合計 50％ 1,050 万円、840 万円の赤字、稼働率 40％以下
  →受注価格 850 円まで下げて受注量を増やす

このように決めておけば、受注状況に応じて弾力的に価格を引き下げることができます。

（上記の値はサンプルです。実際の限界利益合計と値下げの幅は、自社で決めてください。）

このように赤字受注でも

- 理論上は限界利益が少しでもプラスであれば、受注すれば固定費が回収できる
- 実際はやみくもに下げられないので、工場の稼働率に合わせて段階的に値下げ（限界利益率を下げる）して受注を増やす
- 値下げは価格相場を低下させるため慎重に行う

と言えます。

では受注が増えて設備投資をしなければならない場合、どのように判断すればよいでしょうか？　これについては次節で説明します。

参考表:《計算の詳細》

表　A1 製品の限界利益

a 材料費（円）		300
b 製造費用（円）		550
c 製造原価（円）	a+b	850
d 販管費（円）		150
e 販管費込原価（円）	c+d	1,000
f 利益（円）		80
g 受注価格（円）	e+f	1080
h 限界利益	g − a	780
i 限界利益率	h/g	0.72
j 固定費（円）	b+d	700
k 固定費比率	j/g	0.65

表　A社　加工事業の売上、限界利益の目標額　単位：万円

l 売上		35,000
m 月次売上	l/12	2,900
n 月次限界利益	m × i	2,100

表　A社　加工事業の限界利益　目標額の引下げと見積価格

o 月次限界利益の目標額に対する割合		100%	75%	50%
p 限界利益額（万円）	n × o	2,100	1,580	1,050
q 固定費（万円）	m × k	1,890	1,890	1,890
r 固定費回収（万円）	p − q	210	▲ 310	▲ 840
稼働率		0.8	0.6	0.4
見積価格（円）		1,080 （利益 80）	1,000 （利益 0）	850 （販管費 0）

2 増産！設備投資を すべきだろうか？

受注が順調に増加しこれ以上の増産には設備投資が必要です。しかし設備投資は多額の費用がかかります。設備投資をすべきでしょうか？

ポイント
116 耐用年数で設備投資は回収できる

アワーレート（設備）の計算で使用した実際の耐用年数は、設備の購入費用を実際の耐用年数で割ったものです。つまり耐用年数の間、順調に受注があり設備の稼働率も維持できれば設備投資は回収できます。

例えば、A社が新たにマシニングセンタを2,100万円で購入しました。
実際の耐用年数　15年
実際の償却費 = 2100/15 = 140万円

アワーレート（設備）の計算は3章2節で示すようにこの実際の償却費が入っています。

しかし140万円は、設備購入後2年目以降お金は出ていかないのでその分お金が残ります。残るお金140万円は15年間で合計2,100万円になり設備投資の回収が終わります。

ポイント
117 短期で回収するには利益も入れる

しかし15年間受注が安定し受注価格も維持できるとは限りません。そのため回収期間をもっと短くしたいところです。その場合は利益も含めて設備投資の回収期間を計算します。わかりやすくするため、このマシニングセンタはA1製品のみ生産します。A1製品の原価と利益を**図9-4**に示します。

A1製品の年間受注数量は16,000個でした。この場合のマシニングセンタの年間の売上、利益を**図9-5**に示します。

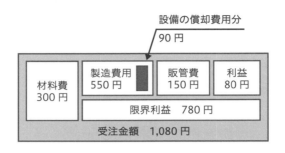

図 9-4 ▶ A1 製品の原価構成

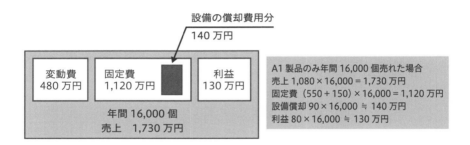

図 9-5 ▶ 設備投資したマシニングセンタの売上と費用

　年間での設備投資回収の原資は、設備の償却費用分が 140 万円、利益が 130 万円合計 270 万円でした。

$$回収年数 = \frac{設備投資金額}{設備償却費 + 利益} = \frac{2,100}{140 + 130} = 7.8 \text{ 年}$$

　設備の償却費のみであれば回収に 15 年かかりますが、利益も入れれば回収期間は 7.8 年に短縮しました。

ポイント
118 **設備投資の回収は架空の計算なので長期計画表で管理する**

　実際は設備を購入した時にお金は払っています。自己資金で設備を購入

した場合は、自己資金が 2,100 万円少なくなっています。つまり設備投資
の回収とは、その後 7.8 年間でお金を貯めて自己資金が 2,100 万円に戻る
ことです。このお金を 15 年後設備を更新する時に使用します。

　A 社はこのマシニングセンタ以外にも、多くの設備を順次更新してい
ます。従って実際は回収した設備投資のお金は他の設備の更新に使われて
いきます。**図 9-6** に示すように購入 8 年目と 2 年目の設備が稼いだお金
を次の設備の更新に回すわけです。もし購入したマシニングセンタが予定
通りに受注できず設備投資の回収ができなくても、自己資金で購入したた
め支払は問題ありません。しかしこのマシニングセンタが予定通りに稼い
でくれなければ他の設備が更新できなくなってしまいます。

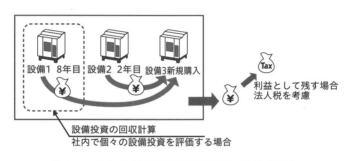

図 9-6 ▶ 社内での設備投資回収計算と社外の場合

　つまり自己資金で設備投資をした場合、
• 設備が順調に売上があれば耐用年数で回収
• 耐用年数後に設備投資金額分のお金が残り、次の設備更新に使用
• 回収期間を短くする場合は利益も含める
• 実際は回収した設備投資のお金は他の設備投資に使われる
回収したお金が他に使われていくため、設備投資の回収とは架空の計算で
す。これは長期的な投資と資金の動きのため、長期の資金計画表をつくっ
て管理する必要があります。

　また購入資金を借入した場合、返済には法人税も考慮しなければなりま
せん。これについては次節で説明します。

3

借入で設備投資する予定だが、返済は問題ないだろうか？

　前節での設備投資で、設備の購入資金を借入した場合は資金繰りも検討する必要があります。ここで以下の2点に注意します。

- 借入金の返済期間は設備の耐用年数よりも短い
- 借入金の返済は税引き後の利益から行われる

　耐用年数が10年以上の設備でも、借入金の返済期間は5年から7年が一般的です。そのため返済期間中は資金が不足する場合もあります。そこでA社のマシニングセンタのみで借入金を返済した場合を検討します。

ポイント 119 ▶ 設備投資の返済は毎期の現金で判断する

　前節のA社のマシニングセンタで購入資金を全額借入しました。返済は

設備の購入金額　2,100万円
返済期間　　　　5年
年間返済金額　　450万円（利率2%）

です。

　簡単にするため、このマシニングセンタはA1製品のみを生産します。年間の売上、利益は

売上　　　　　　1,730万円
利益　　　　　　130万円
実際の償却費　　140万円（お金がプラス）
毎期残るお金　　270万円（130+140）

となります。

　決算書の利益を計算する際は、設備の償却費は税法の減価償却費を使用します。このマシニングセンタの税法の減価償却費は**表9-1**の金額です。

償却方法　　　定率法
法定耐用年数　10 年（区分　金属加工機械）

表 9-1 ▶ 減価償却費（金額 2,100 万円、定率法、耐用年数 10 年）

（単位：万円）

1 年目	2 年目	3 年目	4 年目	5 年目
420	340	270	220	170
6 年目	7 年目	8 年目	9 年目	10 年目
140	140	140	140	140

　会社に残るお金は、利益 130 万円と実際の償却費 140 万円の合計 270 万円です。しかし決算書の利益に対し法人税が発生します。従ってこの 270万円から法人税を引いた残りで借入金を返済します。借入金返済後の収支を**表 9-2** に示します。

表 9-2 ▶ 借入金の返済収支

（単位：万円）

	1 年目	2 年目	5 年目	6 年目	11 年目
利益	130	130	130	130	130
実際の償却費	140	140	140	140	140
減価償却費	▲ 420	▲ 340	▲ 170	▲ 140	0
決算書利益	▲ 290	▲ 210	▲ 40	▲ 10	130
法人税	0	0	0	0	▲ 50
残るお金	270	270	270	270	270
税引後現金	270	270	270	270	220
借入返済	▲ 450	▲ 450	▲ 450	0	0
返済後収支	▲ 180	▲ 180	▲ 180	0	0

返済後収支の 5 年間の合計　　▲ 900

• 最初の 10 年間は利益よりも減価償却費の方が大きいため決算書の利益はマイナスになり、法人税はありません。11 年目から減価償却費がゼロになり、法人税が発生します。

- その結果最初の 10 年間は毎期残るお金は 270 万円で、借入金返済 450 万円に対してマイナス 180 万円です。

借入金の返済期間が 5 年と短いため、この 5 年間は入るお金は毎年 180 万円不足します。5 年間で合計 900 万円不足するため、この分は他から調達しなければなりません。

ポイント
120 **複数台の設備があれば更新時期をずらす**

現場に設備が複数あれば、更新時期をずらすことで、1 台目の設備の借入金を返済している間、他の設備が稼いだお金で穴埋めすることができます。**表 9-3** は設備 3 台を順に更新した例です。

表 9-3 ▶ 設備 3 台を更新した例

1 台目は返済のためマイナス

(単位：万円)

1 台目	1 年目	2 年目	3 年目	4 年目	5 年目
残るお金	▲ 180	▲ 180	▲ 180	▲ 180	▲ 180
2 台目	6 年目	7 年目	8 年目	9 年目	10 年目
残るお金	270	270	270	270	270
3 台目	11 年目	12 年目	13 年目	14 年目	15 年目
残るお金	220	220	220	220	220
合計	310	310	310	310	310

2、3 台目で穴埋め

1 ～ 5 年目は、1 台目は借入金の返済のためお金は 180 万円マイナスです。2 台目は借入金の返済は終わったのでお金は 270 万円プラスです。3 台目は減価償却が終り法人税が発生したので、お金は 220 万円プラスです。合計すると毎期 310 万円のプラスになります。

従って借入金で設備投資をする場合は、設備の更新は時期をずらして順

に行うことです。

　このように**設備費用を借入した場合**、
- 法人税を考慮して残るお金を計算
- 返済期間中はお金が足らなくなるので他から調達
- 複数の設備がある場合、順に更新すれば返済に費用なお金は他の設備が稼いでくれる

です。ただし、これは設備投資したマシニングセンタが予定通り稼いでくれることが前提です。もし売上が年々下がればどうなるでしょうか。これは次節で説明します。

4 設備投資後に売上が減少した場合はどうしたらよいだろうか？

　設備投資の購入資金を借入した場合、返済期間中は売上が安定していなければなりません。もし返済開始後売上が減少した場合はどうなるでしょうか？

ポイント 121 売上が減少すれば資金繰りが厳しくなる

　売上が減少した場合、材料費（変動費）は減少しますが固定費は変わりません。そのため売上の減少に伴い利益も減少します。前節のマシニングセンタの設備投資の例で売上が毎年5%低下した場合を**表9-4**に示します。第9章2節から、A1製品のみとした場合、年間の固定費は1,120万円でした。

表9-4 ▶ 売上が毎年5%減少した場合

（単位：万円）

	1年目	2年目	5年目	6年目	11年目
売上	1,730	1,640	1,410	1,340	1,040
変動費	480	460	400	380	290
固定費	1,120	1,120	1,120	1,120	1,120
設備償却費	140	140	140	140	140
利益	130	60	▲110	▲160	▲370
減価償却費	▲420	▲340	▲170	▲140	0
決算書利益	▲290	▲280	▲280	▲300	▲370
法人税	0	0	0	0	0
残るお金	270	200	30	▲20	▲230
借入返済	▲450	▲450	▲450	0	0
返済後収支	▲180	▲250	▲420	▲20	▲230

返済後収支の5年間の合計　　▲1,530

売上が毎年 5％減少すると利益も減少します。4 年目以降はマイナス（赤字）になるため法人税は発生しません。残るお金も減少し 6 年目からマイナスになります。その結果、5 年間の返済後の収支合計は 1,530 万円のマイナスで、資金繰りが厳しい状態です。実際は売上が減少すれば人を移動するなど固定費を減らすので、ここまで大きなマイナスにならないはずです。

設備投資とは固定費を増やすことです。増えた固定費に見合う売上がなければ、利益は減少します。従って設備投資を行った後は売上を落とさないようにしなければなりません。また利益率が減少しても同様のことが起きます。従って顧客からの定期的なコストダウンや値下げ要請には十分な注意が必要です。

ポイント 122　赤字化リスク防止のため、設備投資を外注化する方法もある

このように設備投資をすれば固定費が増加するため、その後の売上減少や受注価格低下があれば赤字化のリスクが高まります。このリスクを減らすのに外注化があります。

この製品をある外注に出した場合、以下の金額でした。

受注金額　　1,080 円

外注費　　　　950 円

管理費　　　　100 円

利益　　　　　 30 円

内製の利益 80 円と比べ利益は 30 円と半分以下です。しかし外注化すれば費用はすべて変動費になります。この場合のお金の収支を**表 9-5** に示します。

費用が全て変動費になるため売上が減少しても利益が出ます。5 年間のお金の収支合計は、設備投資した場合はマイナス 1,530 万円に対し、外注化はプラス 170 万円です。従って売上減少のリスクがある場合、外注化は

効果的なことがわかります。

　一方、これは売上減少のリスクを外注先に移転することです。これは外注先が受注案件を多く持っていて、この売上が減少しても他からの受注で売上減少をカバーできることが前提です。それができなければ外注先の売上を維持するために、自社の受注を回すなど、社外に固定費的な外注先ができてしまいます。

表 9-5 ▶ 売上が 5％減少した場合（外注化）

（単位：万円）

	1 年目	2 年目	5 年目	6 年目	11 年目
売上	1,730	1,640	1,410	1,340	1,040
変動費	1,520	1,440	1,240	1,180	910
管理費	150	140	120	120	90
利益	60	60	50	40	40
税引後現金	40	40	30	20	20

5 年間のお金の収支合計　　170

　設備投資と似たものに開発費があります。この開発費の回収はどのように考えたらよいでしょうか？これについては次節で説明します。

5 開発費がかかる製品、利益が出るだろうか？

　自社製品を開発する企業の場合、製品の開発にかかった費用はその製品を発売後、その製品がもたらす利益で回収します。もし多額の開発費がかかっても販売後の利益が少なければ開発費を回収できず、結果的に、この製品は会社に利益をもたらしません。これを避けるには事前に開発費を適切に見積もり、開発費の回収計画を立てます。この開発費の回収計算はどのようにすればよいでしょうか。

ポイント 123　開発費は回収期間を決めて計算する

　発売までの開発費総額を見積もり、この開発費総額を発売後の利益で回収計算します。例えば A 社は**図 9-7** に示すように自社のユニット製品（組立製品）A5 製品を開発する計画を立てました。開発費は 2,000 万円で 3年以内に開発費の回収が目標です。

A5 製品、ユニット組立製品
購入品が多く材料費は高いが
付加価値も高く利益率は良い

材料費	100,000 円
組立費用	9,000 円
販管費	17,000 円
利益	24,000 円
受注価格	150,000 円

年間販売数	600 個
年間売上	9,000 万円
変動費	6,000 万円
固定費	1,560 万円
利益	1,440 万円

図 9-7 ▶ A5 製品、ユニット組立製品

　表 9-6 に開発費の回収を示します。

　開発費 2,000 万円に対し、毎期利益が 1,440 万円あるため、2 年目には開発費を回収して 880 万円の利益が残ります。4 年間の利益の合計は 3,760

万円でした。

表 9-6 ▶ 開発費の回収

(単位：万円)

	0 年目	1 年目	2 年目	3 年目	4 年目
売上	0	9,000	9,000	9,000	9,000
利益	0	1,440	1,440	1,440	1,440
開発費	2,000	0	0	0	0
開発費回収	0	1,440	560	0	0
回収後の収支	▲ 2,000	▲ 560	880	1,440	1,440
				4 年間の利益合計	3,760

　実際は、開発費は 0 年目に発生し、支払いも終わっています。発売後開発費を回収しても、回収したお金が過去に遡って使われるわけではありません。つまり開発費が回収できなくてもお金が足らなくなるわけではありません。実際は回収した開発費は、次の製品の開発に使われます。もし開発費が回収できなければ、次の製品の開発費が足らなくなります。

　この開発費は、税務会計上は繰延資産にできます。開発費が発生した期は、まだ製品が完成していないため、収益を上げることができません。そこでこの開発費を繰延資産として、翌期以降分割して費用計上することが認められています。ただしこれは企業会計（大企業・上場企業）では認められていないため、大企業・上場企業はできません。

124 ▶ **開発計画にはリスクを見込む**

◆ 開発費の増加
　開発には未知の要素があるため、計画通りに進まず費用が増えることがあります。そこで事前に費用が増えるリスクを見込んでおき、開発費が計

画をオーバーしても回収できるようにします。

表 9-7 は、開発費が 2,000 万円から 3,000 万円に増えた場合です。

表 9-7 ▶ 開発費が 3,000 万円に増えた場合

（単位：万円）

	0 年目	1 年目	2 年目	3 年目	4 年目
売上	0	9,000	9,000	9,000	9,000
利益	0	1,440	1,440	1,440	1,440
開発費	3,000	0	0	0	0
開発費回収	0	1,440	1,440	120	0
回収後の収支	▲ 3,000	▲ 1560	▲ 120	1,320	1,440

4 年間の利益合計　2,760

回収期間は 3 年になり、4 年間の利益の合計は 2,760 万円、1,000 万円減少しました。

◆ 市場価格の低下

価格が市場価格で決まってしまう製品には、発売後年々価格が低下するものがあります。このような製品は価格の低下を予め計画に盛り込んでおき、それでも利益が出せるようにします。

表 9-8 は市場価格が年率 8％で低下した場合の開発費の回収です。

表 9-8 ▶ 市場価格が年率 8％で低下した場合の開発費の回収

（単位：万円）

	0 年目	1 年目	2 年目	3 年目	4 年目
売上	0	9,000	8,280	7,620	7,010
利益	0	1,440	720	60	▲ 550
開発費	2,000	0	0	0	0
開発費回収		1440	560		
回収後の収支	▲ 2,000	▲ 560	160	60	▲ 550

3 年間の利益の合計　　　220

販売中止

売上の減少に伴い利益も減少します。4年目には550万円の赤字になるため、3年で販売を中止しました。開発費は2年で回収しましたが、3年間の利益の合計は220万円しかありませんでした。

ポイント 125 研究開発の可否は収益性だけで判断しない

先の例は市場価格が低下したため収益性だけみれば取り組むメリットがありません。しかし研究開発は企業の競争力の源泉です。収益性が低いからと言って、研究開発を全く行わなければ自社の競争力が低下していきます。当面は利益があるかもしれませんが、競争力が低下すれば将来は利益率の低下に苦しむことになります。

競争力を維持するには「自社に必要な新製品や新技術は何か」を議論し、計画的に新製品や新技術開発に取り組む必要があります。そのためには必要な費用を研究開発に使えるだけ利益が必要です。できれば開発費を年間で予算化すれば漏れがなくなります。

この研究開発費は税額控除の特例が受けられます。これについてはP.197 COLUMN◆9を参照願います。

COLUMN ◆ 9

開発費／試験研究費を活かして節税する

　新製品を開発する場合、いきなり製品を開発せず、必要な要素技術のみ開発し、製品化の目途が立ってから実際に製品を開発することがあります。例えば**図 9-8** のように「テーマ１」「テーマ２」の２つのテーマに取り組み、テーマ１は製品化を断念したとします。テーマ２は技術が完成したので製品 A の開発を開始しました。

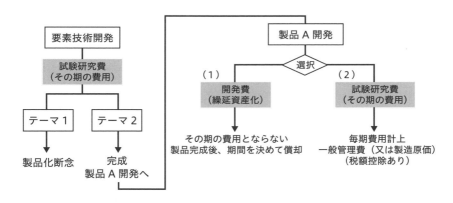

図 9-8 ▶ 要素技術開発と製品開発

　この開発費・試験研究費は他の費用と分けて集計すれば、以下の税務上のメリットがあります。
（１）開発費として繰延資産化
（２）試験研究費として税額控除を利用

【繰延資産化】

　中小企業はその期に発生した開発費でも、製品の完成が翌期以降の場合は繰延資産化し、翌期以降複数年にわたって償却することができます。これは減価償却費と同様の考え方です。翌期以降現金の支出のない費用を計上できるため、合法的な節税効果があります。

【税額控除】

　試験研究費の 2 〜 14％（中小企業は 12 〜 17％）は税額控除が受けられます（控除額は最大 25％）。利益が出ている企業にとっては大きな節税効果があります。

　この研究開発にかかる費用は税法では開発費・試験研究費ですが、企業会計原則（大企業・上場企業）では研究開発費で詳細が異なります。
　この違いを**表 9-9** に示します。

表 9-9 ▶ 研究開発費、試験研究費、開発費の違い

企業会計原則 （上場企業、大企業）	研究開発費	【研究】 新しい知識の発見を目的とした計画的な調査及び探究 【開発】 ・新しい製品・サービス・生産方法の計画や設計 ・既存の製品等を著しく改良するための計画や設計、そのために研究の成果やその他の知識を具体化すること	発生時に費用として処理（一般管理費）
税務 （すべての企業）	試験研究費	製品の製造、技術の改良や考案、発明に係る試験研究に要する一定の費用（「新しい」は必須でない）	一般管理費、又は製造原価　（税額控除の対象）
	開発費	新たな技術や新たな経営組織の採用、資源の開発、又は市場の開拓のために特別に支出する費用（「著しい」は必須でない）	繰延資産にすることも可能

　税務上の優遇措置を受けるためには、開発費や試験研究費が他の費用と明確に区別されていなければなりません。
・専用の管理番号（製番）を取り、発生する費用はその製番で記録する
・開発に関係した人の費用ものべ 1 か月以上は対象にできる。そのためには開発の工数を記録する
こういった取り組みが必要です。

あ と が き

限られた紙面ですが、できる限りわかりやすく書いたつもりです。本書を読んで個別原価の必要性を感じたのであれば、ぜひ個別原価の仕組みに取り組むことをお勧めします。その場合、最初はラフでよいので、現状の費用から工場全体の平均アワーレートと、この平均アワーレートから個別原価を計算してみてください。計算した結果を見て、工程や現場によってアワーレートを分ける必要があれば、それから工程毎、現場毎に細分化すればよいです。

読んでいただいてわかるように、個別原価に「唯一の正解はない」です。それぞれの費用をどう考え、どう分配するかで結果は変わります。それは活動基準原価計算（ABC）のような緻密な方法でも同じです。個別原価はそういったものであると理解して、自社独自の使いやすい方法で取り組むことをお勧めします。

大切なのはそのあとです。個別原価の計算、つまり「お金を数える」だけではお金は増えません。個別原価の結果を使って「見積の計算の仕方を見直し、受注金額を上げる」「実績原価と見積金額との乖離から現場の問題点を見つけ改善する」などのアクションが大切です。「お金は1回は数えなければいけないが、それ以上数えても増えない。お金が増えるような実際の取組に力を入れるべき」と私は常々思っています。

機械メーカーで設計・生産技術を24年やってきて、設計者と加工者がお互いに知恵を出し合わなければ、より良いもの、より低コストなものはできないと感じています。過剰な品質、過剰なスペックの製品・部品に低い価格を強要すれば、中小の製造業は疲弊し、廃業が増え、日本でものがつくれなくなる恐れがあります。

中小企業にとって怖いのは自社の顧客の業界自体が儲からない業界になっている場合です。製造業でも新興国との激しい競争で利益が出なくなってきている業界とそうでない業界があります。もし自社の顧客の業界

が前者であれば、早く別の業界に自社の軸足を移さなければなりません。この場合も個別原価がわかれば製品毎の利益の推移を見ることができ、儲からない業界になっているかどうか判断できます。

　なお弊社では中小・小規模企業が個別原価を計算できるように、低価格のクラウド型原価計算システム「利益まっくす」を開発しました。ご関心がある方は弊社ホームページを参照願います。

　https://ilink-corp.co.jp/

　本書について、ご意見やご感想は下記のメールアドレスにお願いします。本書が皆様のお役に立てば幸いです。

　info@ilink-corp.co.jp

モデル企業の詳細

本書に計算したモデル企業3社の詳細を参考までに示します。

1 切削・組立加工A社

① 概要

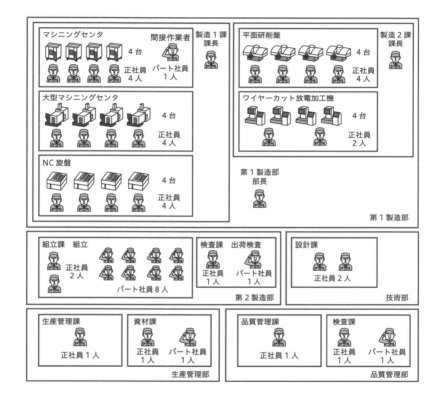

② 決算書

```
        損 益 計 算 書
Ⅰ営 業 利 益
 売 上 高
   売上高          700,000,000   700,000,000
Ⅱ営 業 費 用
 1 売上原価
   期首棚卸高        2,000,000
   当期製造原価     560,000,000
   期末棚卸高        2,000,000   560,000,000
     売上総利益                  140,000,000
 2 販売費及び一般管理費
   役員報酬         20,000,000
   給与手当         17,000,000
   法定福利費        8,000,000
          中略
   消耗品費         1,800,000
   減価償却費       1,820,000
   雑費            2,730,000   100,000,000
     営業利益                    40,000,000
```

```
      製 造 原 価 報 告 書
Ⅰ材 料 費
 期首材料棚卸高      3,000,000
 材料仕入         340,000,000
 期末材料棚卸高      3,000,000   340,000,000
Ⅱ労 務 費
 賃金            136,064,000
 法定福利費        13,936,000   150,000,000
Ⅲ外 注 費
 外注加工費        10,000,000    10,000,000
Ⅳ製 造 経 費
 電気代           9,000,000
 修繕費           4,000,000
          中略
 消耗品費          3,900,000
 減価償却費        28,000,000    60,000,000
Ⅴ製 造 原 価
 当期製造費用     560,000,000   560,000,000
```

③ 人件費、設備費、アワーレート

◆ 部門、現場と人件費

部	課	現場	区分	人件費計	就業時間計	正社員数	パート社員数
第一製造部	製造一課	マシニングセンタ	直接	1787.2	10,000	4	1
		大型マシニングセンタ		1672	8,800	4	
		NC旋盤		1672	8,800	4	
		管理	間接	528	2,200	1	
	製造二課	平面研削盤	直接	1672	8,800	4	
		ワイヤーカット		792	4,400	2	
		管理	間接	528	2,200	1	
	管理			528	2,200	1	
	検査課	出荷検査	直接	467.2	3,400	1	1
第二製造部	組立課	組立	直接	1713.6	14,000	2	8
技術部	設計課	設計		968	4,400	2	
生産管理部	生産管理課	生産管理	間接	528	2,200	1	
	資材課	資材発注		555.2	3,400	1	1
品質管理部	品質管理課	品質管理		528	2,200	1	
	検査課	受入検査		467.2	3,400	1	1
				合計		30	12

◆ 部門、現場と設備費

部	課	現場	区分	償却費	電気代	操業時間	台数
第一製造部	製造一課	マシニングセンタ	直接	560	73.6	8,800	4
		大型マシニングセンタ		1120	147.2	8,800	4
		NC旋盤		400	92.8	8,800	4
	製造二課	平面研削盤		560	73.6	8,800	4
		ワイヤーカット		640	230.4	27,200	4

◆ 各現場のアワーレート

	アワーレート（人）段取	アワーレート（人）加工	アワーレート（設備）段取	アワーレート（設備）加工
マシニングセンタ	3,300	3,300	1,700	1,700
大型マシニングセンタ	3,100	3,100	2,600	2,600
NC旋盤	3,100	3,100	1,500	1,500
平面研削盤	3,200	3,200	1,700	1,700
ワイヤーカット放電加工	2,600	0	1,000	1,400
出荷検査	2,200	2,200	0	0
組立	2,200	2,200	0	0
設計	3,200	3,200	0	0

2 樹脂成形加工 B 社

① 概要

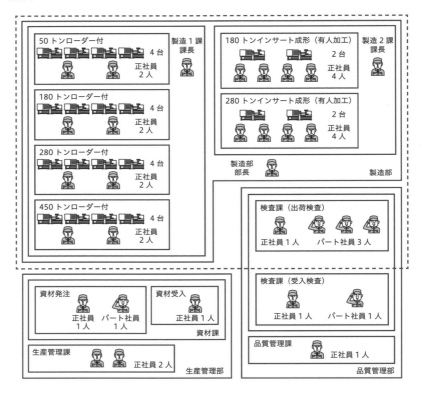

② 決算書

```
           損 益 計 算 書
Ⅰ 営 業 利 益
  売 上 高
    売上高            700,000,000    700,000,000
Ⅱ 営 業 費 用
  1 売上原価
    期首棚卸高        2,000,000
    当期製造原価    595,000,000
    期末棚卸高        2,000,000     595,000,000
      売上総利益                      105,000,000
  2 販売費及び一般管理費
    役員報酬          16,000,000
    給与手当          11,000,000
    法定福利費        3,000,000
                中略
    消耗品費          1,800,000
    減価償却費        1,820,000
    雑費              2,730,000       70,000,000
      営業利益                         35,000,000
```

```
           製 造 原 価 報 告 書
Ⅰ 材 料 費
    期首材料棚卸高      3,000,000
    材料仕入          400,000,000
    期末材料棚卸高      3,000,000    400,000,000
Ⅱ 労 務 費
    賃金             105,632,000
    法定福利費         9,368,000    115,000,000
Ⅲ 外 注 費
    外注加工費        20,000,000     20,000,000
Ⅳ 製 造 経 費
    電気代            19,000,000
    修繕費             4,000,000
                中略
    消耗品費           3,900,000
    減価償却費        20,000,000     60,000,000
Ⅴ 製 造 原 価
    当期製造費用     595,000,000    595,000,000
```

③ 人件費、設備費、アワーレート

◆ 部門、現場と人件費

部	課	現場	区分	人件費計	就業時間計	正社員数	パート社員数
製造部	製造一課	50トンローダー付	直接	792	4,400	2	
		180トンローダー付		792	4,400	2	
		280トンローダー付		792	4,400	2	
		450トンローダー付		792	4,400	2	
		管理	間接	528	2,200	1	
	製造二課	180トンインサート	直接	1584	8,800	4	
		280トンインサート		1584	8,800	4	
		現場事務	間接	115.2	1,200	1	
	管理			528	2,200	1	
品質管理部	検査課	出荷検査	直接	785.6	5,800	1	3
		受入検査		467.2	3,400	1	1
	品質管理課	品質管理	間接	528	2,200	1	
生産管理部	生産管理課	生産管理		968	4,400	2	
	資材課	資材発注		555.2	3,400	1	1
		資材受入		352	2,200	1	
					合計	26	5

◆ 部門、現場と設備費

部	課	現場	区分	償却費	電気代	操業時間	台数
製造部	製造一課	50 トンローダー付	直接	160	122.9	27,200	4
		180 トンローダー付		320	202.2	27,200	4
		280 トンローダー付		640	448	27,200	4
		450 トンローダー付		960	454.4	27,200	4
	製造二課	180 トンインサート		160	101.1	27,200	2
		280 トンインサート		320	224	27,200	2

◆ 各現場のアワーレート

	アワーレート（人）段取	アワーレート（人）加工	アワーレート（設備）段取	アワーレート（設備）加工
50 トンローダー付	2,600	0	700	1,000
180 トンローダー付	2,600	0	800	1,100
280 トンローダー付	2,600	0	1,100	1,400
450 トンローダー付	2,600	0	1,200	1,550
180 トンインサート	2,600	2,600	600	600
280 トンインサート	2,600	2,600	800	800
検査	2,200	2,200	0	0

ポイントチェック表

No.	ポイント	ページ
1	利益は「販売価格 − 製造原価 − 販管費」	2
2	個別原価の目的はたった2つ	4
3	個別原価の計算に使う値は、利益を測る「ものさし」	4
4	製造原価の構成は「材料費 + 外注費 + 製造費用」	5
5	個別原価を計算する元となる費用は決算書	6
6	工場で発生する費用には変動費と固定費がある	9
7	小売業と製造業では変動費の扱いが違う	10
8	「固定費の回収」ができなければ赤字になる	11
9	直接製造費用はどの製品にどのくらいかかったのかわかる費用	13
10	人と設備の直接製造費用の違いを理解する	13
11	工場にも直接部門と間接部門がある	14
12	間接製造費用は直接製造費用が支える	15
13	コストテーブルは代表値から計算する方法	16
14	コストテーブルの定期的な保守が不可欠	18
15	コストテーブルの注意点を押さえておく	18
16	アワーレート（人）の計算式には稼働率が入る	22
17	アワーレート（人）は年間で固定	23
18	（記録がない場合）稼働率は作業者をサンプリング調査して決める	25
19	標準時間は日程計画のベース	26
20	日々の生産計画と確実な実行が管理者の最大の役割	26
21	標準時間の決め方	29
22	余裕時間の決め方	30
23	作業者の目標時間は標準時間より短く	31
24	生産計画、個別原価の時間は確実に達成できる時間	31
25	作業者と製品を管理できるかどうか考えてみる	33
26	管理できなければ平均アワーレート（人）を使用する	34
27	現場単位でアワーレート（人）を変える	34
28	直接生産しない人の費用もアワーレート（人）に入れる	37
29	複数の現場を統括する管理者の費用は各現場に分配する	38

No.	ポイント	ページ
30	間接部門の費用と個別原価の関係を理解する	40
31	設計や検査費用は見積に含まれるかどうかで判断する	41
32	設備のアワーレートはその年間費用と稼働時間から計算する	48
33	1直より3直の方がアワーレートは低くなる	49
34	価格の高い設備は計算上の原価も高くなるが減価償却を考慮して使い分ける	50
35	設備を更新すれば、再び減価償却が発生	53
36	「実際の償却費」の扱いは税法との違いに注意する	54
37	電気代の計算方法を理解する	56
38	稼働時間が長くなれば電気代は高くなる	57
39	金額の大きなランニングコストは個別に計算する	57
40	常時生産に使用しない設備の費用を原価に含めるかどうかは、更新するかどうかで判断する	59
41	定期的に更新が発生する設備はその現場の費用とする	59
42	設備は常に費用が発生することに注意する	61
43	設備の大きさによる直接製造費用の違いを理解する	63
44	設備の大きさ毎にアワーレートを計算する	64
45	ランニングコストと間接製造費用で原価は大きく異なる	64
46	間接製造費用は間接部門の人件費と製造経費	70
47	間接製造費用は各現場に分配する	71
48	販管費も製造に必要な費用	73
49	決算書から販管費の比率を計算する	74
50	材料費にも販管費は発生する	75
51	大企業の場合は本社費にも注意する	75
52	目標利益を売上高営業利益率から決める	77
53	値引きは利益を大幅に減らす	78
54	利益の中身は将来の費用	79
55	間接部門の増員は全体のアワーレートを引き上げる	80
56	製造経費の増加も全体のアワーレートを引き上げる	81
57	特定の製品で消耗が激しい場合は製品原価に入れる	82
58	製品原価に入れる消耗品は消費量と金額から判断する	85
59	運賃は見積に別途記載する	86
60	運賃を別途計算した場合は、販管費から運賃を除外する	87

No.	ポイント	ページ
☐ 61	運賃が大きく違う製品は製品毎に運賃を計算する	88
☐ 62	材料価格の計算は自社に合った方法を決める	92
☐ 63	見積は材料価格の変動も考慮する	95
☐ 64	スクラップ費用をマイナスの材料費とする	96
☐ 65	スクラップの価格変動にも注意する	97
☐ 66	スクラップ代の計上にも注意する	98
☐ 67	棒材や板材では端材も考慮する	100
☐ 68	材料ロス率による原価の影響を確認する	101
☐ 69	運転資金の資金繰りに注意する	104
☐ 70	値上げ前に余分に購入した時にはメリットがある	104
☐ 71	陳腐化リスクと廃棄ロスに注意する	105
☐ 72	長期間滞留する問題点を理解する	106
☐ 73	外注は安くても内製よりもお金が出ていく	108
☐ 74	追加費用が発生しても内製が有利になる場合が多い	109
☐ 75	人よりも設備の方が安い場合が多い	114
☐ 76	無人加工中の人の費用はゼロ	114
☐ 77	2 台持ちの場合は加工時間は 1/2	116
☐ 78	無人加工の場合、加工中の作業者を間接費用とする	118
☐ 79	作業者の段取と間接作業の比率が重要	119
☐ 80	段取は 2 種類ある	121
☐ 81	大量生産品は、ロットが小さくなれば原価が急増	121
☐ 82	少量生産品は、わずかなロットの違いでも原価が大きく変わる	122
☐ 83	適切なロットの大きさ	123
☐ 84	一部外段取化の効果はロットが小さくなるほど大きい	126
☐ 85	有人加工の場合、外段取化の効果は限定的	128
☐ 86	ワーク着脱の自動化で完全な外段取化が実現できる	130
☐ 87	外段取のコスト削減効果を理解する	131
☐ 88	完全外段取化の本当のメリットは夜間無人運転ができること	132
☐ 89	不良品を修正して使用できる場合は、修正費用が損失金額	138
☐ 90	不良品を廃棄する場合、損失金額は「製造費用＋材料費」	140
☐ 91	不良品が材料として再利用できる場合、損失が見えにくくなる	141

No.	ポイント	ページ
☐ 92 ▶	全数検査の原価への影響は大きい	142
☐ 93 ▶	抜取検査の原価への影響は限定的	143
☐ 94 ▶	大量生産品の全数検査は赤字になることがある	144
☐ 95 ▶	工程能力指数 Cp、Cpk が 1.33 以上あれば抜取検査に移行できる	146
☐ 96 ▶	突発的なヒューマンエラーは仕組みなどで対処する	147
☐ 97 ▶	受注毎に設計費用、製造費用を管理する	148
☐ 98 ▶	設計がミスなくうまくいくことが前提になっていないか確認する	149
☐ 99 ▶	見積精度を高める調査を行い、仕組みをつくる	150
☐ 100 ▶	失敗費用の本質は開発費	151
☐ 101 ▶	リピート受注では開発費分は除外する	153
☐ 102 ▶	回収不足を防ぐには累計受注量を管理する	155
☐ 103 ▶	開発品のイニシャル費は仕様変更時に必ず改定価格を出す	156
☐ 104 ▶	部品の共通化でコストダウンする	162
☐ 105 ▶	部品の一体化によるコストダウンを検討する	163
☐ 106 ▶	公差範囲を限定して不良率を下げる	165
☐ 107 ▶	加工工程の削減をお金に変える	166
☐ 108 ▶	生産量が増えるか、人件費が減らない限り、利益は増えない	168
☐ 109 ▶	付加価値を増やすまでが改善活動	170
☐ 110 ▶	改善を促す努力を続ける	171
☐ 111 ▶	在庫を活用して受注の変動を吸収する	172
☐ 112 ▶	在庫の活用によってコストダウンを図る	173
☐ 113 ▶	受注価格によって赤字の意味は変わる	178
☐ 114 ▶	赤字でも限界利益合計が大きければ受注すべき	179
☐ 115 ▶	価格を下げて受注数を確保しなければならない場合、段階的に価格を下げる	180
☐ 116 ▶	耐用年数で設備投資は回収できる	183
☐ 117 ▶	短期で回収するには利益も入れる	183
☐ 118 ▶	設備投資の回収は架空の計算なので長期計画表で管理する	184
☐ 119 ▶	設備投資の返済は毎期の現金で判断する	186
☐ 120 ▶	複数台の設備があれば更新時期をずらす	188
☐ 121 ▶	売上が減少すれば資金繰りが厳しくなる	190
☐ 122 ▶	赤字化リスク防止のため、設備投資を外注化する方法もある	191

No.	ポイント	ページ
☐ 123 ▶	開発費は回収期間を決めて計算する	193
☐ 124 ▶	開発計画にはリスクを見込む	194
☐ 125 ▶	研究開発の可否は収益性だけで判断しない	196

● 著者略歴

照井　清一（てるい　せいいち）　㈱アイリンク 代表取締役

1962年愛知県生まれ。豊田高等工業専門学校　機械工学科卒業
産業機械メーカー((株)フジ)にて24年間、製品開発、品質保証、生産
技術に従事。
2011年退社、(株)アイリンクを設立し、決算書を元にアワーレートを
計算する独自の手法で、中小・小規模企業に原価計算の仕組みづくり
のコンサルティングを行う。
この手法を活用した「数人の会社から使える個別原価計算システム
『利益まっくす』」を自社で開発、また原価計算に関する多くの情報を
ホームページで発信している。詳細は下記を参照願います。
https://ilink-corp.co.jp/

中小製造業の「製造原価と見積価格への疑問」
にすべて答えます!　　　　　　　　　　NDC336.85

2022年 4月28日　初版1刷発行　　　（定価はカバーに）
2024年 9月30日　初版8刷発行　　　 表示してあります

　ⓒ　著　者　　照井　清一
　　　発行者　　井水　治博
　　　発行所　　日刊工業新聞社
　　　　　　　　〒103-8548　東京都中央区日本橋小網町14-1
　　　電　話　　書籍編集部　03（5644）7490
　　　　　　　　販売・管理部　03（5644）7403
　　　ＦＡＸ　　03（5644）7400
　　　振替口座　00190-2-186076
　　　ＵＲＬ　　https://pub.nikkan.co.jp/
　　　e-mail　　info_shuppan@nikkan.tech
　　　印刷・製本　新日本印刷

落丁・乱丁本はお取り替えいたします。
2022 Printed in Japan
ISBN 978-4-526-08203-0　C3034

本書の無断複写は、著作権法上の例外を除き、禁じられています。